CARRÉMENT
CUISINE

RECETTES POUR BÉBÉS

DE 4 À 36 MOIS

hachette
CUISINE

INTRODUCTION

Ce livre, ce sont 100 recettes goûtées et approuvées, variées et simples à préparer avec des ingrédients faciles à trouver... la base de tout bon livre de cuisine !

Fini le manque d'inspiration au moment de préparer de bons petits plats à bébé. Pour vous faciliter la vie, **les chapitres du livre ont été pensés par tranches d'âge.** Faites ainsi votre choix et composez son menu en un clin d'œil.

Les 100 recettes pour "Bébés", ce sont :

Et dès l'ouverture de ce livre, un **sommaire illustré** pour faire son choix facilement.

SOMMAIRE

1
DE 4 À 5 MOIS

2
DE 6 À 8 MOIS

3
DE 9 À 12 MOIS

4
DE 12 À 24 MOIS

5
DE 24 À 36 MOIS

Piccata de veau, amandes et cheveux d'ange • **202**

Rôti de bœuf,
purée de champignons • **204**

Nuggets maison • **206**

Purée au fromage • **208**

Röstis (galettes de pomme de terre) • **210**

Beignets de carnaval • **212**

Barres de céréales • **214**

Tartelettes sablées à la banane et à la noix de coco • **216**

Gâteau marbré vanille et chocolat • **218**

Le gâteau d'anniversaire de bébé • **220**

1

DE 4 À 5 MOIS

BIBERON D'EAU, VARIANTES

À partir de 3 mois
Pour 1 portion
5 min de préparation
15 min de repos

INGRÉDIENTS : ½ anis étoilé ou badiane • 10 cl d'eau minérale • Quelques grains de sucre de canne **OU** 1 cuil. à café d'eau de fleur d'oranger • 10 cl d'eau minérale à température ambiante • Quelques grains de sucre de canne **OU** 10 cl d'eau minérale • Quelques fleurs et feuilles de tilleul • Quelques grains de sucre de canne

BIBERON D'EAU À L'ANIS

1. Posez l'anis étoilé au fond du biberon et versez l'eau minérale chauffée dessus.

2. Laissez infuser et tiédir ou refroidir. Enlevez l'étoile d'anis, ajoutez quelques grains de sucre et donnez à boire au biberon.

BIBERON D'EAU À LA FLEUR D'ORANGER

3. Diluez le sucre de canne dans l'eau de fleur d'oranger et versez l'eau minérale dessus.

4. Secouez avec vigueur pour faire fondre le sucre. Donnez à boire au biberon.

BIBERON D'EAU AU TILLEUL

5. Faites bouillir l'eau et versez-la sur le tilleul. Laissez infuser quelques minutes et filtrez.

6. Versez dans le biberon, ajoutez les grains de sucre et secouez. Veillez à ce que l'infusion soit à une température adaptée à bébé.

CONSEILS

Les biberons se boivent à température ambiante l'été, et tièdes ou chauds en hiver. Fleurs de sureau ou de tilleul, feuillage de verveine ou graines d'anis, sont autant d'idées pour des boissons naturelles aux vertus apaisantes.
De plus, le sucre de canne apporte des arômes caramélisés au biberon d'eau ou de tisane. Du miel doux, d'acacia ou de tilleul, sera toléré un peu plus tard, vers le 6e-7e mois.

eau
de
fleurs
d'
oranger

BIBERON DE LAIT D'AVOINE

À partir de 4 mois
Pour 1 portion
5 min de préparation
5 min de cuisson

INGRÉDIENTS : 20 cl d'eau minérale • 2 cuil. à soupe rases de crème d'avoine • 5 doses de lait 2e âge • 1 pincée de sucre de canne (facultatif)

1. Mélangez l'eau et la crème d'avoine dans une petite casserole et faites chauffer. Laissez mijoter pendant à peu près 5 min, de façon à ce que la crème d'avoine se dilue bien.

2. Ajoutez le lait en poudre au fouet et laissez gonfler quelques minutes. Ajoutez 1 pincée de sucre si vous le désirez, puis versez dans le biberon et donnez à bébé.

CONSEILS

Vous trouverez la consistance parfaite, c'est-à-dire ni trop épaisse ni trop liquide, au bout de quelques biberons. À vous d'ajuster le dosage. Vérifiez que la température convient à bébé en versant une goutte sur le dessus de votre main (le liquide doit être à la même température que votre peau).

PRODUIT

La crème d'avoine est la farine moulue très fine des grains d'avoine que l'on trouve la plupart du temps en magasin bio.

BOUILLON DE LÉGUMES, VARIANTES

À partir de 5 mois
Pour 1 portion
15 min de préparation
30 min de cuisson

MATÉRIEL
Passoire ou tamis

Ingrédients printemps/été : ½ poireau • 1 petite carotte • ¼ de navet nouveau blanc • 25 cl d'eau minérale • 1 feuille de laurier • 1 brin de persil

Ingrédients automne/hiver : 150 g de chair épluchée de potiron • 1 carotte • 25 cl d'eau minérale • 1 brin de thym • 1 feuille de sauge

1. Épluchez, rincez et coupez les légumes en petits morceaux. Portez l'eau minérale à ébullition et ajoutez-y les légumes ainsi que les herbes et les aromates. Couvrez et laissez cuire à frémissement pendant 20 min. Filtrez avec une passoire fine ou au tamis.

2. Versez le bouillon dans le biberon et donnez à bébé en veillant à ce que la température lui soit adaptée (voir conseils p. 16).

VARIANTES

Au fil des saisons et de l'éveil de bébé, variez avec le haricot vert, le fenouil, la tomate ou la laitue.

CONSEIL

Multipliez les ingrédients par 4 et congelez des portions de 15 à 20 cl pour plusieurs petits biberons. Ces bouillons peuvent aussi servir de base pour un biberon au lait maternisé et aux céréales.

MON PREMIER JUS DE CAROTTES

À partir de 4 mois
Pour 1 portion
10 min de préparation

MATÉRIEL
Centrifugeuse

INGRÉDIENTS : 1 carotte nouvelle • Quelques cuillerées à soupe d'eau minérale • Quelques gouttes de jus de citron frais

1. Épluchez la carotte à l'économe. Coupez-la en morceaux que vous passez à la centrifugeuse.

2. Diluez 1 cuil. à soupe de jus (à augmenter au fil des semaines) dans un peu d'eau minérale à température ambiante et ajoutez quelques gouttes de jus de citron, selon votre goût.

3. Selon l'aisance de bébé, donnez le jus dilué à la petite cuillère ou au biberon.

CONSEILS

Les jus maison se préparent avec des légumes biologiques, de cultivateur connu, ou mieux, de son propre potager. Extraire le jus au moment de le faire déguster permet d'en préserver toute la saveur et les vitamines. Ajouter quelques gouttes de citron, aux vertus désinfectantes, permet de rectifier la saveur des jus.

VARIANTES

Selon la saison, essayez la tomate, le concombre ou le fenouil. Vous pouvez proposer des mélanges pomme-betterave ou pomme-céleri en branche.

BOUILLIE AUX FLOCONS D'AVOINE

À partir de 5 mois
Pour 1 portion
5 min de préparation
10 min de cuisson

MATÉRIEL
Mixeur

INGRÉDIENTS : 10 cl d'eau minérale • 10 cl de lait de vache demi-écrémé • 2 cuil. à soupe de flocons d'avoine • Quelques gouttes de sirop d'érable ou de miel d'acacia

1. Dans une petite casserole, faites chauffer l'eau et le lait. Ajoutez-y les flocons d'avoine et laissez mijoter 5 à 10 min à feu moyen. Pour une cuisson égale, remuez de temps en temps à la cuillère en bois.

2. Lorsque la bouillie devient onctueuse, ajoutez le miel ou le sirop d'érable et mixez. Versez dans l'assiette de bébé et servez lorsque la température lui convient.

VARIANTES

On peut ajouter de la compote de fruits (banane, pomme, poire ou fruits rouges) pour compléter la bouillie.

POTAGE ORGE-ARTICHAUT

À partir de 5 mois
Pour 1 portion
10 min de préparation
20 min de cuisson
15 min de repos

MATÉRIEL
Mixeur

INGRÉDIENTS : 25 cl d'eau • 1 cuil. à dessert d'orge perlé • 2 cœurs d'artichaut surgelés • 4 doses de lait maternisé

1. Portez l'eau à ébullition et ajoutez l'orge et les cœurs d'artichaut. Mijotez à couvert pendant 20 min puis, après avoir coupé le feu, laissez gonfler 15 min à couvert.

2. Quand la céréale est tendre à cœur, c'est prêt.

3. Mixez et ajoutez les doses de lait. Versez dans le biberon et secouez. Vérifiez que la température convient à bébé.

VARIANTES

Sans pour autant l'introduire trop rapidement, la famille des céréales et légumineuses est à garder à l'esprit pour nourrir les enfants. Dès tout petit (3 ans), orge, blé entier, lentilles ou cocos peuvent entrer dans l'alimentation car ils sont de bonnes sources d'énergie et d'acides aminés.

POTAGE COURGETTE,
FENOUIL ET CAROTTE

À partir de 5 mois
Pour 1 portion
10 min de préparation
25 min de cuisson

MATÉRIEL
Mixeur

INGRÉDIENTS : 1 carotte • ½ courgette • ½ cœur de fenouil • Les feuilles de 2 branches de cerfeuil • 1 noisette de beurre

1. Épluchez la carotte. Lavez tous les légumes à l'eau citronnée, puis émincez-les grossièrement.

2. Mettez les légumes dans une casserole avec de l'eau et portez à ébullition. Laissez cuire environ 20 min. Piquez les légumes avec une fourchette pour vérifier qu'ils sont bien tendres.

3. Passez les légumes au mixeur avec la noisette de beurre. Servez au biberon avec une tétine à gros trou. Vérifiez que la température convienne à bébé en versant une goutte sur le dessus de votre main (le liquide doit être à la même température que votre peau).

4. Le potage peut être allongé avec de l'eau et complété avec quelques doses de lait maternisé.

VARIANTES

Afin de répondre à la faim croissante de bébé, on peut ajouter au potage 1 cuil. de farine premier âge sans gluten (non sucrée).
On ajoutera d'autres féculents, farines d'avoine ou de riz, et de la pomme de terre, vers le 4e mois, pour notamment permettre à bébé d'allonger ses nuits.

VELOUTÉ D'ARTICHAUT

À partir de 5 mois
Pour 1 portion
10 min de préparation
30 min de cuisson

INGRÉDIENTS : 1 artichaut • 30 ml de lait de suite reconstitué • Quelques gouttes de jus de citron • 1 cuil. à soupe de farine • 1 noisette de beurre • 1 pincée de sel

1. Lavez l'artichaut, coupez la queue, retirez les feuilles et dégagez le foin. Citronnez le fond d'artichaut et faites-le cuire 30 min à la vapeur. Mixez-le.

2. Diluez la farine dans le lait et incorporez à la purée d'artichaut. Faites chauffer le potage dans une casserole sans le faire bouillir. Servez aussitôt avec la noisette de beurre. Salez.

CONSEIL

Vous pouvez également utiliser des fonds d'artichaut surgelés ou en conserve. Très faciles d'emploi, ils ont à peu près les mêmes caractéristiques nutritionnelles.

PURÉE DE POMME DE TERRE ET D'ENDIVES

À partir de 5 mois
Pour 1 portion
10 min de préparation
25 min de cuisson

MATÉRIEL
Cuiseur vapeur
Mixeur

INGRÉDIENTS : 1 à 2 endives, selon la taille • 1 pomme de terre • 1 noisette de beurre • 1 pincée de sucre

1. Enlevez les feuilles fripées, puis fendez l'endive en deux dans le sens de la longueur. À l'aide d'un couteau d'office, retirez le cœur amer. Épluchez et coupez la pomme de terre en morceaux. Mettez les légumes à cuire 25 min à la vapeur.

2. Dans votre bol mixeur, mettez les légumes avec la noisette de beurre et la pincée de sucre. Mixez jusqu'à obtenir une purée lisse. Au besoin, ajoutez quelques cuillerées d'eau de cuisson. Servez dans l'assiette de bébé.

VARIANTES

Vous pouvez compléter la purée avec un morceau de poisson maigre ou de blanc de poulet à partir de 7 mois.

PURÉE BROCOLI, HARICOTS ET CIBOULETTE

À partir de 5 mois
Pour 4 portions
10 min de préparation
15 min de cuisson

MATÉRIEL
Moulin à légumes ou mixeur

INGRÉDIENTS : 1 pied de brocoli • 150 g de haricots verts frais • 1 pomme de terre de taille moyenne • ½ botte de ciboulette

1. Coupez le pied et les tiges du brocoli pour ne garder que les fleurs. Équeutez les haricots verts et épluchez la pomme de terre puis coupez-la en morceaux.

2. Dans une casserole, mettez la pomme de terre et les haricots. Couvrez d'eau froide, portez à ébullition et laissez cuire 10 min. Ajoutez la ciboulette et le brocoli et poursuivez la cuisson 5 min.

3. Égouttez les légumes et passez-les au moulin à légumes muni d'une grille fine ou réduisez-les en purée à l'aide d'un mixeur. Si la purée est trop épaisse, ajoutez un peu d'eau de cuisson.

CONSEIL

Faites cuire les légumes en deux fois car le brocoli cuit plus rapidement que les haricots verts et la pomme de terre. Cela permet aussi à la purée de garder une belle couleur verte.

HARICOTS VERTS « CUISINÉS »

À partir de 5 mois
Pour 1 portion
10 min de préparation
20 min de cuisson

MATÉRIEL
Mixeur

INGRÉDIENTS : 150 g de haricots, verts ou beurre • ½ oignon nouveau • 1 branche de cerfeuil • 1 noisette de beurre

1. Enlevez les queues et retirez les fils des haricots. Épluchez et hachez menu l'oignon. Lavez, effeuillez et ciselez le cerfeuil.

2. Mettez le beurre avec l'oignon haché à fondre pendant quelques minutes à feu moyen. Ajoutez les haricots verts et le cerfeuil ciselé.

3. Couvrez et laissez mijoter à feu doux pendant 15 min. Quand les haricots sont tendres, mixez et servez.

VARIANTES

Dès 7 mois, complétez les légumes avec 40 g de blanc de poulet ou de bœuf. À partir du 10e mois, de l'agneau coupé en petits morceaux peut être mis à mijoter avec les haricots dès le début de la cuisson.

always a good idea

COMPOTE DE POMMES MAISON

À partir de 4 mois
Pour 6 compotes
15 min de préparation
15 min de cuisson

MATÉRIEL
Cuiseur vapeur
Mixeur

INGRÉDIENTS : 1 kg de pommes golden • 1 cuil. à café de sucre de canne • 20 cl d'eau

1. Épluchez, épépinez et coupez les pommes en morceaux.

2. Mettez-les dans le panier du cuiseur vapeur et faites-les cuire pendant 15 min.

3. Quand les morceaux sont fondants, c'est cuit. Mixez avec l'eau. Goûtez et ajoutez seulement le sucre si l'acidité du fruit persiste.

VARIANTES

Pour varier les saveurs, choisissez différentes pommes au fil des saisons : Boskoop, Reine des reinettes, Reinette grise du Canada, Clochard, pomme du Limousin ou Calville.

CONSEILS

Répartissez le reste de la compote dans des petits pots et fermez-les hermétiquement. Congelez ou réfrigérez selon vos besoins. Au réfrigérateur, les compotes se conservent 2 à 3 jours maximum. La première fois, quelques cuillères de compote peuvent être complétées par un biberon de lait. Petit à petit, vous pourrez mélanger un produit laitier à la compote, par exemple un petit-suisse ou quelques cuillerées de fromage blanc.

COMPOTE POIRES ET BISCUITS

À partir de 5 mois
Pour 4 portions
10 min de préparation
10 min de cuisson

MATÉRIEL
Moulin à légumes
ou mixeur

INGRÉDIENTS : 4 poires Doyenné du Comice • Quelques gouttes de jus de citron jaune • 4 biscuits de type boudoir ou galette bretonne • 1 cuil. à café de crème fraîche épaisse

1. Épluchez les poires. Coupez-les en quartiers, retirez le cœur et découpez la chair en gros morceaux.

2. Mettez les fruits dans une casserole avec le jus de citron, puis faites cuire avec 2 cuil. à soupe d'eau pendant 10 min et à couvert.

3. Passez les fruits et les biscuits concassés au moulin à légumes muni d'une grille fine ou réduisez-les en purée à l'aide d'un mixeur. Terminez en mélangeant la compote avec la crème fraîche.

GOÛTER DE COMPOTE AU FROMAGE BLANC

À partir de 5 mois
Pour 1 portion
5 min de préparation
5 min de repos

INGRÉDIENTS : 2 biscuits boudoirs • 3 ou 4 cuil. à soupe de fromage blanc • 1 cuil. à soupe de compote mixée de fruits au choix : pomme, banane, poire, abricot...

1. Dans un bol, émiettez les biscuits et versez de l'eau à hauteur. Laissez-les fondre quelques minutes.

2. Ajoutez ensuite le fromage blanc et la compote. Mélangez jusqu'à ce que le goûter soit onctueux et servez à la cuillère.

CONSEIL

Chaque être humain perçoit les saveurs des aliments différemment.
Le degré d'acidité et la texture différant d'un produit laitier à l'autre, vous pouvez remplacer le fromage blanc ou la faisselle plutôt acides par un petit-suisse ou du yaourt, plus doux. Ce sont toujours les réactions de bébé qui vous permettront d'apprendre à connaître ses goûts et sa sensibilité.

NUTRITION

Dans la combinaison fromage blanc-pomme-biscuits, les familles nutritionnelles sont bien représentées.
Ainsi, glucides complexes (dits sucres lents), glucides simples (dits sucres rapides), fibres et vitamines en font un goûter complet.

FRUITS À NOYAU EN COMPOTE

À partir de 5 mois
Pour 1 portion
15 min de préparation
15 min de cuisson

INGRÉDIENTS : 3 prunes ou une dizaine de mirabelles (environ 200 g de chair de fruits) • ½ cuil. à café de sucre de canne • 3 à 4 cuil. à soupe d'eau

1. Lavez et découpez la chair des fruits en petits morceaux.

2. Dans une petite casserole fermée, laissez compoter les morceaux de fruits avec le sucre et l'eau durant 15 min à feu moyen.

3. Quand les fruits sont compotés, c'est prêt. Pour réduire le jus, vous pouvez soit prolonger la cuisson, soit passer la compote dans une passoire et donner le jus à part à bébé.

VARIANTES

À cette compote, on peut ajouter du yaourt velouté et un biscuit : spéculoos, petit-beurre ou cake. L'hiver, vous pouvez ajouter deux pruneaux réhydratés coupés en morceaux.

CONSEILS

Pour des prunes savoureuses, attendez juillet : quetsches et mirabelles ont besoin de soleil. Recouvertes d'un voile blanc, elles sont naturellement protégées de la chaleur. Pensez toujours à bien laver les fruits avant de les utiliser.

NUTRITION

Attention, les prunes, riches en fibres, sont légèrement laxatives.

PAPILLOTE POIRE-VANILLE

À partir de 5 mois
Pour 1 portion
5 min de préparation
10 min de cuisson

MATÉRIEL
Cuiseur vapeur
Papier cuisson

INGRÉDIENTS : 2 petites poires William (août) ou 1 poire Conférence ou Comice (septembre-décembre) • 3 cm d'une gousse de vanille • Quelques gouttes de jus de citron

1. Découpez du papier de cuisson et pliez-le en papillote. Épluchez les poires et émincez-les directement dans la papillote.

2. Fendez puis grattez les graines de la gousse de vanille. Mélangez les graines et le jus de citron aux poires tranchées.

3. Fermez le papier hermétiquement et faites cuire la papillote à la vapeur une dizaine de minutes.

4. Écrasez à la fourchette dans le bol de bébé.

CONSEILS

Si vous devenez adepte de la papillote, l'acquisition d'une papillote en silicone est pratique. Elle conserve les saveurs et les propriétés nutritionnelles des aliments : poisson, viandes blanches, légumes, fruits... Faites-vous plaisir et ajoutez des aromates pour parfumer les recettes : estragon, basilic, romarin, sauge, cumin ou curcuma en poudre...

PETIT PUDDING DE SEMOULE DE BLÉ

À partir de 5 mois
Pour 1 portion
5 min de préparation
15 min de cuisson
10 min de repos

INGRÉDIENTS : 1 pomme golden • 4 cuil. à soupe d'eau • 1 pincée de cannelle • 1 cuil. à soupe de semoule fine de blé

1. Épluchez et coupez la pomme en petits morceaux. Faites-les cuire dans l'eau avec la cannelle.

2. Au bout de 15 min, ajoutez la semoule en pluie tout en mélangeant, dans la petite casserole, au fouet ou à la cuillère en bois.

3. Laissez gonfler pendant 10 min, puis laissez refroidir dans le bol de bébé. Vous pouvez soit écraser les morceaux de pomme cuite à la fourchette, soit mixer le tout.

PRODUIT

Parmi les pommes d'hiver à cuire, il y a la Boskoop ou la reinette grise du Canada. La Reine des reinettes arrive à la fin de l'été. Plutôt sucrées, toutes ces pommes conviennent à bébé, sans sucre ajouté.

VARIANTE

Vous pouvez remplacer la semoule de blé par de la semoule de maïs précuite.

TAPIOCA À LA BANANE

À partir de 5 mois
Pour 1 portion
5 min de préparation
10 min de cuisson

MATÉRIEL
Mixeur

INGRÉDIENTS : 18 cl d'eau • 10 g de tapioca • ½ banane • 5 doses de lait maternisé

1. Dans une petite casserole, portez l'eau à ébullition. Versez-y le tapioca en pluie tout en mélangeant au fouet pour éviter les grumeaux.
2. Ajoutez la banane épluchée et tranchée. Laissez mijoter 10 min.
3. Ajoutez les doses de lait et mixez pour obtenir un velouté. Servez tiède ou froid à bébé.

CONSEILS

À partir du 6e mois, vous pouvez donner ce dessert à bébé sans le mixer. Dans quelques mois, bébé pourra découvrir la banane plantain. Celle-ci doit toutefois être cuite afin de rendre son amidon digeste.

Love

2

DE 6 À 8 MOIS

JUS DE FRUITS, VARIANTES

À partir de 8 mois
Pour 1 portion
10 min de préparation

MATÉRIEL
Presse-fruits
Centrifugeuse

INGRÉDIENTS DE BASE : 10 cl d'eau minérale • Quelques gouttes de jus de citron
Au printemps/été : 1 pêche blanche • 10 framboises **OU** 1 abricot • ½ banane
OU En automne/hiver : 1 orange • 1 clémentine **OU** ½ pomme • 1 poire

1. Pressez les agrumes au presse-fruits.

2. Lavez, épluchez et passez les fruits tels que la pomme ou la poire à la centrifugeuse. Allongez avec l'eau et ajoutez le jus de citron.

3. Servez au biberon ou à la cuillère, selon la texture et la maturité de bébé.

CONSEILS

À partir d'un an, vous pouvez laisser la peau des fruits tels que les pommes et les poires. Les vitamines présentes directement sous la peau seront ainsi absorbées. Pour autant, n'oubliez pas de les brosser sous l'eau courante avant de les utiliser.

BOUILLIE À LA SEMOULE DE BLÉ

À partir de 6 mois
Pour 1 portion
5 min de préparation
2 min de cuisson
5 min de repos

INGRÉDIENTS : 15 cl d'eau minérale • 2 cuil. à soupe de semoule fine de blé ou de crème de maïs • 5 doses de lait 2e âge • 1 pincée de sucre de canne ou ¼ de cuil. à café de sirop d'érable

1. Portez l'eau à ébullition dans une petite casserole. Versez la semoule en pluie tout en mélangeant au fouet ou à la cuillère en bois pour éviter les grumeaux. Retirez du feu pour ajouter le lait en poudre.

2. Versez dans le bol de bébé et mélangez avec le sucre ou le sirop. Laissez gonfler quelques minutes.

3. Vérifiez la température avant de donner à bébé (voir conseils p. 16).

PRODUIT

La crème de maïs est une farine très fine de maïs que l'on trouve en magasin bio.

CONSEIL

Le lactose du lait et les glucides du maïs ont une saveur sucrée. L'apport supplémentaire de sucre, tel que l'ajout du sirop d'érable, est à modérer pour que bébé ne s'habitue ni à la saveur ni aux effets addictifs du sucre.

SOUPE DE CONCOMBRE AU YAOURT

À partir de 8 mois
Pour 2 portions
15 min de préparation

MATÉRIEL
Mixeur plongeant

INGRÉDIENTS : ½ concombre • Quelques feuilles de menthe • 1 tranche de baguette • 1 yaourt à la grecque • Quelques gouttes de jus de citron • Quelques gouttes d'huile d'olive • Quelques grains de sel

1. Épluchez le concombre et coupez-le en gros morceaux.
2. Ciselez les feuilles de menthe le plus fin possible.
3. Dans le bol d'un mixeur, mettez le pain, les morceaux de concombre, le yaourt, le jus de citron, l'huile, un pot de yaourt d'eau (soit environ 15 cl), et le sel.
4. Actionnez le robot et laissez-le tourner plusieurs minutes de façon à obtenir une soupe très lisse. Si elle est trop épaisse, ajoutez un peu de lait ou d'eau.
5. Vérifiez l'assaisonnement et versez la soupe dans un bol ou une assiette creuse.
6. Au moment de servir, saupoudrez d'un peu de menthe ciselée.

VARIANTES

Vous pouvez remplacer la menthe par d'autres herbes comme de la coriandre, de l'estragon ou du basilic. Pour que la soupe ait un goût plus prononcé, vous pouvez y ajouter 1 fromage frais (de type Kiri®) ou un peu de Chavroux®.

SOUPE DE TOMATE

À partir de 7 mois
Pour 1 portion
30 min de préparation
20 min de cuisson

MATÉRIEL
Mixeur plongeant

INGRÉDIENTS : 1 ou 2 tomates • 1 petit morceau d'ail • ½ oignon nouveau • 1 noisette de beurre • ½ tranche de jambon blanc • ½ tablette de bouillon de légumes • Un filet de crème liquide • Quelques grains de sel

1. Épluchez l'ail et l'oignon et coupez-les en brunoise (c'est-à-dire en gros morceaux).

2. Faites bouillir de l'eau dans une casserole. Pour monder les tomates, placez-les dans l'eau bouillante pendant 1 min puis égouttez-les et passez-les sous l'eau froide. Elles seront alors très faciles à éplucher. Épluchez-les et coupez-les en quartiers.

3. Dans une grande casserole, mettez les tomates avec l'ail, l'oignon, le beurre, le jambon, la tablette de bouillon, et le sel. Recouvrez avec de l'eau. Mettez sur le feu et quand l'eau bout, comptez 20 min de cuisson.

4. À l'aide d'un mixeur plongeant, mixez longuement la soupe jusqu'à ce qu'il n'y ait plus aucun morceau.

5. Avant de servir la soupe refroidie, ajoutez la crème en un mince filet.

VARIANTES

Pour aller plus vite, vous pouvez aussi utiliser des tomates pelées en boîte. Pour décorer le bol, hachez un jaune d'œuf dur et saupoudrez-en la soupe avant de servir.

SOUPE DE POTIRON

À partir de 6 mois
Pour 1 portion
10 min de préparation
30 min de cuisson

INGRÉDIENTS : 200 g de potiron • ⅓ litre de lait de suite • ¼ jaune d'œuf dur écrasé • 1 pincée de noix muscade • 1 noisette de beurre

1. Épluchez le potiron et ôtez les graines et les filaments de l'intérieur. Coupez-le grossièrement en dés, puis faites-le cuire 15 min dans de l'eau bouillante.

2. Égouttez le potiron et mixez-le avec le lait et le jaune d'œuf. Faites cuire de nouveau sur feu doux 15 min environ avec la noix muscade.

3. Ajoutez la noisette de beurre au moment de servir.

VARIANTE

Vous pouvez remplacer le beurre par une cuillerée à café de crème fraîche.

LÉGUMES À LA VAPEUR

À partir de 7 mois
Pour 5 petits pots
20 min de préparation
20 min de cuisson

MATÉRIEL
Cuiseur vapeur

Ingrédients printemps/été : 250 g de pommes de terre nouvelles • 3 petites courgettes • 500 g de haricots verts • 3 carottes nouvelles
Ingrédients automne/hiver : 500 g de pommes de terre • 500 g de chair de potiron ou de potimarron • 3 petits navets • 1 poireau • 1 épi de maïs

1. Épluchez ou lavez les légumes, puis coupez-les en morceaux de grosseur homogène pour une cuisson égale.

2. Remplissez les étages du cuiseur vapeur avec les légumes. Dès que les morceaux d'un légume sont tendres, retirez-les du cuiseur vapeur et laissez refroidir.

3. Vous pouvez garder les légumes cuits pour les purées et les potages de bébé des jours suivants, ainsi que pour vous-même.

CONSEILS

Une fois les légumes cuits, il vous suffira de les réchauffer dans du lait et de les mixer pour obtenir une purée ou un potage au moment du repas. Dans quelques mois, vous pourrez aussi faire sauter les légumes dans un peu de beurre et d'huile d'olive. Avec une portion de viande blanche, ils formeront un repas complet.

2

MOUSSE DE JAMBON
AU FROMAGE BLANC

À partir de 6 mois
Pour 1 portion
10 min de préparation

MATÉRIEL
Mixeur

INGRÉDIENTS : ½ tranche de jambon blanc • 100 g de fromage blanc battu • Les feuilles de 2 branches de persil

1. Enlevez la couenne du jambon, puis coupez-le en lanières.
2. Au mixeur, hachez le jambon avec le fromage blanc et les feuilles de persil.
3. Servez cette mousse à la cuillère.

VARIANTES

Complétez la mousse par une purée de légumes verts : haricots ou brocolis, par exemple. Pour une mousse sucrée-salée, remplacez le fromage blanc par une banane.

PURÉE AU JAMBON, PETITS POIS ET MENTHE

À partir de 6 mois
Pour 4 portions
10 min de préparation
15 min de cuisson

MATÉRIEL
Moulin à légumes

INGRÉDIENTS : 2 brins de menthe • 3 tranches de jambon blanc découenné • 1 petit oignon blanc nouveau • 2 pommes de terre de taille moyenne • 600 g de petits pois frais écossés • 5 cl de crème liquide • 5 cl de lait frais

1. Effeuillez la menthe. Coupez le jambon blanc en petits morceaux. Épluchez et coupez en gros morceaux l'oignon et les pommes de terre. Mettez ces légumes dans une casserole, couvrez d'eau froide et portez à ébullition. Laissez cuire 10 min.

2. Ajoutez les petits pois et poursuivez la cuisson pendant 5 min, après la reprise de l'ébullition. Égouttez les légumes et passez-les au moulin à légumes muni d'une grille fine en y ajoutant le jambon et la menthe.

3. Versez la crème et le lait pour finaliser la purée. Il se peut qu'elle soit un peu épaisse, ajoutez alors de l'eau de cuisson.

VARIANTE

Vous pouvez ajouter une touche de fromage de chèvre frais ou un fromage du type brousse, brocciu ou cottage cheese anglais.

BLANC DE POULET AU PAMPLEMOUSSE ROSE

À partir de 6 mois
Pour 1 portion
15 min de préparation
5 min de cuisson

MATÉRIEL
Mixeur
Cuiseur vapeur

INGRÉDIENTS : 20 g de blanc de volaille au choix (poulet, pintade, dindonneau, poule) • ½ pamplemousse rose • 2 petits-suisses • Les feuilles de 2 branches de cerfeuil

1. Retirez la peau de la volaille et faites cuire le morceau de blanc 5 min à la vapeur.

2. Épluchez le pamplemousse à vif (voir conseil) en retirant les membranes blanches, trop amères pour bébé. Retirez également les pépins. Écrasez la chair de pamplemousse à la fourchette.

3. Mixez le blanc de volaille cuit avec les petits-suisses et le cerfeuil lavé et effeuillé. Incorporez la chair de pamplemousse et donnez la purée tiède à bébé.

PRODUIT

Le pamplemousse rose, contrairement à son cousin à chair jaune ou rouge, est peu ou pas amer. Sa chair rose est sucrée et moins acide que celle des autres pamplemousses. De plus, elle est consommée crue par bébé, c'est-à-dire qu'elle n'a subi quasiment aucune oxydation. Toutes les vitamines, et notamment la vitamine C, sont donc parfaitement conservées.
Le pamplemousse, contrairement à l'orange, n'est pas ou peu acidifiant pour le système digestif.

CONSEIL

Pour éplucher à vif un agrume, découpez les extrémités jusqu'à la chair des deux côtés. Enlevez la peau jusqu'à la chair en suivant la forme du fruit. Lorsque la découpe a été faite de façon régulière, il ne doit plus y avoir de trace de peau. Ensuite, enlevez les quartiers de chair qui sont maintenant « à vif » à l'aide d'un petit couteau, et retirez-en les pépins.

SUPRÊME DE POULET
AUX CHAMPIGNONS ROSES

À partir de 6 mois
Pour 1 portion
15 min de préparation
20 min de cuisson

MATÉRIEL
Cuiseur vapeur
Mixeur

INGRÉDIENTS : 1 pomme de terre • 5 champignons roses • 20 à 40 g de suprême de volaille selon l'âge de bébé • 1 petit-suisse • Les feuilles de 2 branches de cerfeuil

1. Épluchez et tranchez la pomme de terre finement, et mettez-la à cuire dans le panier du cuiseur vapeur.

2. Au bout de 10 min, ajoutez les champignons lavés et émincés, ainsi que le blanc de volaille, et poursuivez la cuisson pour 10 min.

3. Dans le bol du mixeur, mettez les légumes cuits, le poulet, le petit-suisse et le cerfeuil. Mixez. Donnez à la cuillère à bébé.

VARIANTES

Dès l'apparition des premières dents, vous pouvez couper le poulet et les champignons en tout petits morceaux. À part, vous pouvez aussi mélanger la chair de la pomme de terre chaude au petit-suisse.
Ces mélanges (poulet-champignons et pomme de terre-petit suisse) seront une nouvelle façon de découvrir les mêmes aliments de façon distincte.

CONSEIL

Faire suer, c'est-à-dire faire rendre leur eau aux champignons dans une poêle sans matière grasse, permettra d'y ajouter ensuite une noisette de beurre pour les faire rissoler avec le poulet.

PRODUIT

Le champignon rose est proche du champignon de Paris, qui est un peu plus fade. Choisissez toujours les champignons fermes, dont on ne voit pas les lamelles dessous. Afin de ne pas le gorger d'eau, rincez-le rapidement sous un filet d'eau ou épluchez-le.

COLIN À LA POMME DE TERRE ET AU YAOURT

À partir de 7 mois
Pour 1 portion
10 min de préparation
25 min de cuisson

MATÉRIEL
Cuiseur vapeur
Mixeur

INGRÉDIENTS : 1 pomme de terre • 20 g de poisson blanc (colin, merlan ou truite) • 1 brin d'aneth • 3 cuil. à soupe de yaourt • 1 noisette de beurre

1. Épluchez et coupez la pomme de terre en petits morceaux. Enlevez méticuleusement toutes les arêtes et la peau du poisson.

2. Mettez les morceaux de pomme de terre à cuire à la vapeur. Après 20 min de cuisson, ajoutez le poisson et l'aneth. Poursuivez la cuisson encore 5 min.

3. Mixez les pommes de terre avec le yaourt et écrasez le poisson à la fourchette avec le beurre.

VARIANTES

Vers le 9e mois, vous pouvez simplement écraser les pommes de terre à la fourchette. Entre 9 mois et 1 an – selon la dentition et le tempérament de bébé –, vous pourrez laisser les morceaux entiers.

PRODUIT

Colin, merlu, merlan, églefin sont d'autres espèces de poisson à chair blanche parmi lesquelles choisir. En fonction de l'abondance de la pêche et au fil des saisons, les prix varient.

CAVIAR D'AUBERGINE

À partir de 6 mois
Pour 1 portion
5 min de préparation
40 min de cuisson

INGRÉDIENTS : 1 petite aubergine • Le jus de ½ citron • 1 petit-suisse • 1 pincée de sel

1. Préchauffez votre four à 180 °C (th. 6). Lavez l'aubergine et enfournez-la entière pendant 40 min.

2. Lorsqu'elle est cuite, coupez-la en deux et prélevez la pulpe à l'aide d'une petite cuillère. Écrasez-la, à la cuillère, avec le petit suisse, le sel et le jus de citron. Versez dans un ramequin et servez tiède.

CONSEIL

Vous pouvez décorer ce caviar d'aubergine de petits dés de tomate ou de copeaux de parmesan.

SOUPE DE MELON CRU

À partir de 8 mois
Pour 1 portion
10 min de préparation
1 h de repos

MATÉRIEL
Mixeur

INGRÉDIENTS : 200 g de chair de melon • ½ cuil. à café de sucre ou de sirop d'érable • 1 cuil. à café de poudre d'amandes

1. Découpez la chair de melon en petits dés.
2. Mélangez-les au sucre et à la poudre d'amandes et laissez reposer 1 h au frais.
3. Mixez et servez aussitôt.

VARIANTE

Selon la saison et le marché, abricots et pêches se prêtent également à cette recette. Selon la chair des fruits utilisés, la texture sera plus ou moins liquide, proche de la soupe ou plus proche d'une compote crue. À la soupe de melon, on peut ajouter quelques gouttes d'eau de fleur d'oranger ou de sirop d'orgeat.

BANANE À L'AVOCAT

À partir de 6 mois
Pour 1 portion
5 min de préparation

MATÉRIEL
Mixeur

INGRÉDIENTS : 1 banane • ¼ d'avocat • Quelques gouttes de jus de citron jaune ou vert

1. Épluchez la banane et le quart d'avocat.
2. Passez le tout au mixeur. C'est prêt !

CONSEILS

Avec sa chair douce, l'avocat est un beurre végétal très digeste et complet. Protéiné, riche en acides gras essentiels mono-insaturés, il contient de la vitamine D. Choisissez-le tendre sous la pression des doigts. L'avocat peut aussi bien se sucrer au sirop d'érable ou au sucre de canne, que se mélanger à de la chair de tomate dans une recette salée.

Love

YAOURTS AROMATISÉS

À partir de 6 mois
Pour 4 yaourts
10 min de préparation
9 h de cuisson
2 h de repos

MATÉRIEL
Yaourtière
4 pots en verre

INGRÉDIENTS : 40 cl de lait entier • ½ yaourt nature • 1 cuil. à café du sirop de votre choix • 1 cuil. à soupe de lait en poudre

1. Mélangez le lait et le yaourt dans un saladier. Versez le sirop choisi. Ajoutez le lait en poudre et remuez vivement.

2. Versez la préparation dans les pots en verre et déposez-les dans la yaourtière. Lancez un cycle de 9 h.

3. Couvrez les yaourts et laissez-les reposer 2 h au réfrigérateur avant de les consommer.

GOÛTER DE YAOURT
ET COMPOTE DE FRUITS SECS

À partir de 6 mois
Pour 1 portion
10 min de préparation
20 min de cuisson
1 h de trempage

INGRÉDIENTS : 2 pruneaux secs, moelleux et dénoyautés • 2 abricots secs moelleux • ½ banane séchée • 10 cl d'eau • Quelques gouttes de jus de citron (facultatif) • 1 yaourt

1. Mettez les fruits secs dans un bol et couvrez-les d'eau chaude. Faites-les tremper 1 h.

2. Mettez les fruits égouttés et coupés en morceaux dans une petite casserole avec l'eau. Laissez frémir 20 min.

3. Quand tous les fruits sont tendres, c'est prêt. Ajoutez 3 cuil. à café de cette compote et éventuellement quelques gouttes de jus de citron au yaourt de bébé et faites déguster.

NUTRITION

Les fruits secs ont la même teneur en sucre que les fruits frais.

CONSEIL

Vous pouvez vous organiser et mettre les fruits secs à tremper le matin pour le soir, ou la nuit, au réfrigérateur. Après ce plus long trempage, le temps de cuisson sera raccourci à 10 min.

BANANE AU CARAMEL

À partir de 7 mois
Pour 1 portion
5 min de préparation
5 min de cuisson

INGRÉDIENTS : 1 banane bien mûre • 1 pincée de sucre glace • 1 noisette de beurre

1. Sans l'éplucher, lavez la banane à l'eau chaude en frottant bien. Coupez-la en deux dans le sens de la longueur. Parsemez de sucre glace le côté chair.

2. Faites fondre la noisette de beurre dans la poêle et faites cuire la banane côté chair pendant 5 min.

3. Faites déguster dans la peau à la petite cuillère.

NUTRITION

Riche en glucides, en vitamines du groupe B, en potassium et en magnésium, la banane se digère facilement, ce qui en fait l'un des premiers fruits recommandés lors de la diversification alimentaire de bébé.

CRÈME À LA VANILLE

À partir de 8 mois
Pour 1 portion
10 min de préparation
20 min de cuisson

INGRÉDIENTS : ½ litre de lait de suite • 100 g de Maïzena® • 50 g de sucre • 1 sachet de sucre vanillé

1. Faites chauffer le lait dans une casserole, sans le faire bouillir. Dans un bol, mélangez la Maïzena®, le sucre et le sucre vanillé. Ajoutez le lait chaud et mettez la préparation sur feu doux, en remuant constamment avec un fouet.

2. Dès que le mélange commence à épaissir, retirez du feu et continuez de fouetter jusqu'à l'obtention d'une crème. Versez alors dans des petits pots et laissez refroidir.

CONSEIL

Ajoutez un filet de caramel sur la crème… un délice !

RIZ AU LAIT ET À LA CONFITURE

À partir de 8 mois
Pour 1 portion
10 min de préparation
50 min de cuisson

INGRÉDIENTS : 30 g de riz rond • 200 ml de lait • 1 noisette de beurre • 20 g de sucre en poudre • 1 cuil. à soupe de la confiture de fruits de votre choix • Quelques grains de sel

1. Faites bouillir de l'eau dans une casserole et faites cuire le riz 3 min, puis égouttez-le. Mettez le lait à bouillir sur le feu avec le sel.

2. Ajoutez le riz et le beurre et laissez cuire à peu près 30 min à feu moyen. Ajoutez ensuite le sucre et laissez cuire encore 15 min.

3. Versez le riz au lait dans une coupelle et ajoutez la confiture par-dessus. Vous pouvez faire déguster le riz au lait à bébé tiède ou froid.

CONSEIL

Concernant le choix de la confiture, gardez à l'esprit qu'il est préférable d'attendre que bébé ait 10 mois pour lui donner des fruits rouges.

MES PREMIERS BISCUITS BOUDOIR

À partir de 8 mois
Pour 15 biscuits environ
15 min de préparation
10 min de cuisson

INGRÉDIENTS : 1 citron bio non traité • 25 g de beurre • 25 g de sucre glace • 1 œuf entier • 50 g de farine • 1 g de levure chimique • 2 cl d'huile d'olive vierge et douce

1. Préchauffez le four à 150 °C (th. 5).

2. Lavez et essuyez le citron. Prélevez l'équivalent de ½ cuil. à café de zeste à la râpe très fine et 1 cuil. à café de jus.

3. Faites fondre puis refroidir le beurre à température ambiante.

4. Dans un grand bol, mélangez le sucre glace avec le zeste. Ajoutez l'œuf entier et mélangez à la cuillère en bois. Ajoutez la farine et la levure. Mélangez.

5. Ajoutez le jus de citron, mélangez encore, puis finissez par le beurre fondu et l'huile d'olive.

6. Sur un tapis en silicone ou une feuille de papier cuisson beurrée posé sur la plaque du four, étalez la pâte à la cuillère, en forme de boudoirs, espacés les uns des autres. Enfournez pour 10 à 12 min de cuisson.

CONSEIL

Lorsque vous ajoutez le sucre glace et la farine, pensez à poser un petit tamis sur le bol pour éviter les grumeaux dans la pâte.

VARIANTE

Vous pouvez remplacer la moitié de la farine par de la farine de noisettes.

3

DE 9 À 12 MOIS

BOUILLIES ET MILKSHAKES, VARIANTES

À partir de 12 mois
Pour 1 portion
10 min de préparation

MATÉRIEL
Mixeur

INGRÉDIENTS DE BASE : 100 g de fromage blanc • 50 ml de lait • ½ cuil. à café de miel ou de sucre de canne
Ingrédients printemps/été : 2 abricots mûrs • 5 amandes émondées • 1 cuil. à soupe de flocons d'avoine **OU** 3 cuil. à soupe de framboise • 3 cuil. à soupe de fraises • 3 cuil. à soupe de myrtilles
Ingrédients automne/hiver : ½ banane • 2 pruneaux secs dénoyautés **OU** 1 poire mûre • 6 cerneaux de noix

1. Mettez tous les ingrédients dans le bol du mixeur. Mixez et ajustez la consistance : liquéfiez avec un trait de lait ou épaississez avec 1 ou 2 cuil. de fromage blanc. Ajoutez le miel ou le sucre pour éventuellement rectifier l'acidité.

2. Faites déguster à bébé à la cuillère ou à la grosse paille, selon sa maturité et la consistance de la bouillie.

CONSEIL

Pour émonder des amandes, c'est très simple : portez de l'eau à ébullition et versez-la sur les amandes. Couvrez et laissez refroidir. Enlevez la pellicule. Les amandes seront devenues souples et faciles à mixer.

JARDINIÈRE DE PRINTEMPS

À partir de 9 mois
Pour 1 portion
15 min de préparation
25 min de cuisson

INGRÉDIENTS : 150 g de petits pois écossés frais ou congelés • 1 carotte nouvelle • 1 petit navet • 1 oignon grelot ou 1 petit morceau d'oignon blanc ou jaune • 1 noisette de beurre • 1 cuil. à café d'huile d'olive • 1 feuille de laurier • 10 cl d'eau

1. Écossez les petits pois. Épluchez la carotte et le navet à l'économe, et coupez-les en rondelles, puis en quatre. Épluchez et hachez l'oignon grelot.

2. Dans un poêlon, mettez l'oignon à fondre avec le beurre et l'huile durant 5 min. Ajoutez les morceaux de carotte et de navet, les petits pois, la feuille de laurier et l'eau. Couvrez et laissez mijoter environ 20 min jusqu'à ce que les légumes soient tendres.

3. Selon la phase dans laquelle se trouve bébé, servez tel quel, écrasez à la fourchette ou mixez la jardinière de légumes après avoir enlevé la feuille de laurier.

VARIANTE

Vous pouvez remplacer ces légumes par de l'asperge, de la tomate et de la courgette, par exemple, au fil des expériences gustatives de bébé.

CONSEIL

Par temps chaud, coupez les légumes en petits cubes et, après les avoir cuits à la vapeur, servez-les froids mélangés à une cuillère de crème fraîche assaisonnée avec du jus de citron.

FLÉTAN, LAITUE ET BROCOLI

À partir de 9 mois
Pour 1 portion
15 min de préparation
15 min de cuisson

MATÉRIEL
Cuiseur vapeur
Mixeur

INGRÉDIENTS : 200 g de fleurs de brocoli • 4 feuilles de laitue • Les feuilles de 1 branche de persil • 20 g de flétan • 1 noisette de beurre

1. Lavez et supprimez les branches filandreuses du brocoli pour ne garder que les fleurs vertes. Lavez les feuilles de laitue et de persil.

2. Mettez les fleurs de brocoli au cuiseur vapeur. Au bout de 12 min de cuisson, ajoutez le poisson, les feuilles de laitue et de persil. Prolongez la cuisson de 3 min.

3. Mixez tous les ingrédients avec la noisette de beurre et un peu d'eau de cuisson au besoin.

VARIANTES

Vous pouvez remplacer le flétan par un poisson au goût plus prononcé : lieu jaune ou lieu noir par exemple. Pour une prise alimentaire plus calorique et rassasiante, vous pouvez lier la purée avec quelques cuillerées de fromage blanc, ou ajouter au brocoli une pomme de terre, riche en glucides complexes.

Trois
Thre

PAPILLOTE DE BAR, TOMATE ET TAGLIATELLES

À partir de 9 mois
Pour 1 portion
15 min de préparation
20 min de cuisson

MATÉRIEL
Mixeur
Papier sulfurisé

INGRÉDIENTS : 1 tomate de taille moyenne bien mûre • Les feuilles de 1 branche d'estragon • 2 brins de ciboulette • 5 feuilles de persil plat • 40 g de filet de bar • 1 cuil. à café d'huile d'olive • 40 g de tagliatelles aux œufs • 1 noisette de beurre

1. Préchauffez le four à 210 °C (th. 7).
2. Épluchez et épépinez la tomate. Coupez la chair en dés. Lavez soigneusement les herbes que vous ciselez finement.
3. Dans un grand carré de papier sulfurisé, déposez le bar et les dés de tomate, les fines herbes ciselées et l'huile d'olive. Fermez le papier sulfurisé hermétiquement. Enfournez pour 10 min.
4. Pendant ce temps, faites cuire les tagliatelles le temps indiqué sur l'emballage. Égouttez-les et mélangez-les à la noisette de beurre dans le bol du mixeur.
5. Sortez la papillote du four et versez les ingrédients avec le jus de cuisson, ainsi que la noisette de beurre dans le bol mixeur. Mixez et servez lorsque la température sera adaptée à bébé.

VARIANTE

Lorsque bébé mastiquera suffisamment, vous pourrez couper les tagliatelles en tout petits morceaux et simplement écraser le poisson.

CONSEIL

Afin d'éplucher une tomate facilement, il convient de l'inciser superficiellement avec un couteau et de l'ébouillanter 2 à 3 min.

VELOUTÉ DE ROUGET, POIREAU
ET POMME DE TERRE

À partir de 9 mois
Pour 1 portion
15 min de préparation
20 min de cuisson

INGRÉDIENTS : 1 pomme de terre • ½ blanc de poireau • 1 petite carotte • 2 pistils de safran • 15 cl de lait • 40 g de filet de rouget • 1 cuil. à café de crème fraîche

1. Épluchez et coupez la pomme de terre en petits morceaux. Fendez et lavez le poireau pour enlever tout le sable. Émincez le blanc du poireau. Épluchez et coupez la carotte en petits morceaux.

2. Dans une petite casserole, mettez les légumes et le safran dans le lait. Portez à frémissements pendant 15 min. Ajoutez le poisson pour encore 5 min de cuisson.

3. Hors du feu, ajoutez la crème, puis remettez sur le feu quelques instants. Mixez au besoin. Vérifiez que la température convient avant de servir à bébé (voir conseils p. 16).

VARIANTE

Le rouget peut être remplacé par du saumon. On peut également ajouter 1 cuil. à café de purée de tomates pour une saveur ronde et sucrée.

SOUPE DE POULET AUX PÂTES ALPHABET

À partir de 12 mois
Pour 1 portion
15 min de préparation
30 min de cuisson

INGRÉDIENTS : ½ blanc de poulet • ½ navet • 1 carotte • 1 échalote • 125 g de pâtes alphabet environ • Un peu de thym • 1 feuille de laurier

1. Épluchez le navet, la carotte et l'échalote.

2. Coupez la carotte et le navet en quatre dans le sens de la longueur puis détaillez-les en rondelles de 0,5 cm d'épaisseur.

3. Coupez le blanc de poulet en fines lamelles.

4. Mettez les légumes et le poulet dans une casserole avec le thym et le laurier. Couvrez d'eau froide et mettez la casserole sur le feu.

5. À partir du moment où l'eau bout, comptez 20 min de cuisson. Ajoutez alors les pâtes et laissez encore cuire 10 min.

6. Retirez les feuilles de laurier et le thym et laissez refroidir avant de servir.

VARIANTE

Pour apporter de la gaieté à la soupe, vous pouvez ajouter en même temps que les pâtes des petits pois frais ou surgelés.

SOT-L'Y-LAISSE, BLETTES ET SEMOULE

À partir de 9 mois
Pour 1 portion
15 min de préparation
25 min de cuisson
10 min de repos

MATÉRIEL
Cuiseur vapeur

INGRÉDIENTS : Le blanc de 1 à 2 côtes de blettes (environ 150 g) • 30 à 50 g soit environ 2 sot-l'y-laisse de poulet (petits morceaux ovales et dodus nichés à la base des ailes) • 1 cuil. à café d'huile d'olive • 1 noisette de beurre • 1 pétale d'ail (c'est à dire une fine tranche prélevée à l'économe) • 1 pincée de ras-el-hanout ou de quatre-épices • 20 cl d'eau • 30 g de graines de couscous de blé fin

1. Lavez et coupez les côtes de blettes en quatre, de façon à ce qu'elles entrent dans le compartiment du cuiseur vapeur, où vous les placez pour 15 min de cuisson.

2. Dans une poêle à feu moyen, faites rissoler les sot-l'y-laisse coupés en petits morceaux avec l'huile, le beurre et le pétale d'ail.

3. Retirez les côtes de blettes du cuiseur vapeur et coupez-les en petits morceaux. Ajoutez-les dans la poêle avec les sot-l'y-laisse et assaisonnez avec la pincée de ras-el-hanout. Déglacez en versant l'eau dessus.

4. Lorsque l'eau est à ébullition, ajoutez les graines de couscous, couvrez et coupez le feu. Laissez gonfler les graines pendant 10 min.

5. Mélangez et servez dans l'assiette creuse de bébé.

VARIANTES

On peut facilement faire varier ce plat : remplacer les sot-l'y-laisse par un morceau de poisson comme la lotte qui a une bonne tenue lors de la cuisson, les graines de couscous par des céréales mélangées précuites et les blettes par de la courgette ou un mélange carotte-potiron.

NUTRITION

Ce plat contient des protéines (viande), des sucres complexes (blé) et des fibres (légumes). Il est à ce titre complet.

PURÉE CITRONNÉE VEAU-COURGETTE

À partir de 9 mois
Pour 1 portion
15 min de préparation
20 min de cuisson
10 min de trempage

MATÉRIEL
Mixeur

INGRÉDIENTS : 50 g de mie de pain frais ou rassis • 1 cuil. à soupe de jus de citron • 2 cuil. à soupe d'eau • 1 courgette • 30 g d'escalope de veau • 5 feuilles de persil plat • 2 cuil. à soupe de poudre d'amandes

1. Hydratez le pain avec le jus de citron et l'eau. Il doit être mou après avoir trempé 10 min. Au besoin, ajoutez encore un peu d'eau.

2. Lavez et coupez la courgette en rondelles. Hachez le veau en petits morceaux. Faites cuire les rondelles de courgette à la vapeur pendant 15 min, puis ajoutez les morceaux de veau et les feuilles de persil pour encore 5 min de cuisson.

3. Dans le bol du mixeur, mettez les aliments cuits avec la poudre d'amandes et la mie de pain imbibée. Mixez brièvement pour garder des petits morceaux dans la purée.

CONSEIL

Lorsque nous achetons des aliments naturels de première qualité comme le pain, il est tout naturel de ne pas le gâcher. Ainsi, la mie de pain rassis peut se substituer à un autre féculent comme épaississant et rassasiant tel qu'il le fait dans cette recette.

DINDE AUX MARRONS

À partir de 10 mois
Pour 1 portion
10 min de préparation
25 min de cuisson

MATÉRIEL
Cuisson vapeur
Mixeur

INGRÉDIENTS : 2 pommes de terre épluchées (environ 150 g) • 50 g de marrons sous vide épluchés • 30 g de blanc de dinde • 1 cuil. à café d'huile d'olive • 1 noisette de beurre • 1 oignon grelot ou 1 petit morceau d'oignon blanc ou jaune • 1 cuil. à soupe d'eau • 2 cuil. à soupe de fromage frais ou de fromage blanc

1. Épluchez et coupez les pommes de terre en petits cubes. Faites-les cuire à la vapeur pendant 15 à 20 min jusqu'à ce qu'elles soient tendres.

2. Avec les doigts, émiettez les marrons.

3. Dans une poêle à feu moyen, faites rissoler le blanc de dinde coupé en petits morceaux avec l'huile, le beurre, et l'oignon haché finement pendant 7 min.

4. Retirez la viande qui est prête et mettez-la de côté, ainsi que les morceaux de pomme de terre.

5. Ajoutez les marrons émiettés dans la poêle avec 1 cuil. à soupe d'eau. Mélangez pour réchauffer les marrons.

6. Mixez tous les aliments et ajoutez-les dans l'assiette de bébé. Donnez à bébé à la cuillère.

CONSEIL

Avec l'évolution de la dentition et la capacité à mâcher de bébé, vous pourrez simplement écraser les aliments avec les dents d'une fourchette.

VARIANTES

Cette recette peut se préparer avec des aiguillettes de canard, la partie tendre du magret. Pour ajouter un petit côté « Noël », on peut ajouter aux marrons des baies rouges, par exemple 1 cuil. à café d'airelles, ou une poire coupée en morceaux et cuite à la vapeur. Vous pouvez aussi réduire uniquement la garniture en purée en mixant pommes de terre et marrons.

PARMENTIER À LA VIANDE DE BŒUF ET AU POTIRON

À partir de 9 mois
Pour 1 portion
15 min de préparation
23 min de cuisson

MATÉRIEL
Mixeur ou presse-purée

INGRÉDIENTS : 100 g de chair de potiron • 1 petite pomme de terre • 20 cl de lait • 1 pincée de noix muscade • 1 pincée de cannelle • 20 g de bœuf haché • 1 noisette de beurre • 20 g d'emmental râpé

1. Épluchez le potiron et retirez les fibres et les graines. Coupez la chair en petits dés. Épluchez la pomme de terre et coupez-la en petits dés.

2. Dans une petite casserole, mettez le lait avec les légumes, la muscade et la cannelle. Faites cuire à frémissements à feu moyen pendant 20 min.

3. Dans une petite poêle, cuisez la viande de bœuf dans la noisette de beurre.

4. Préchauffez le four à 210 °C (th. 7). Mixez grossièrement les légumes ou passez-les au presse-purée.

5. Beurrez un petit plat à gratin. Étalez-y la viande émiettée, et par-dessus, la purée potiron-pomme de terre. Parsemez d'emmental râpé.

6. Mettez au four et laissez gratiner 3 min jusqu'à ce que le fromage ait fondu.

7. Pour servir à bébé, transvasez le gratin dans son assiette, car le plat est bien trop chaud et dangereux pour ses petites mains.

CONSEILS

Essayez d'acheter la viande chez un boucher de confiance. Ainsi, pour la viande hachée, vous pouvez choisir un morceau entier, qui en principe sera frais et d'une bonne provenance. Seule une cuisson à cœur, indispensable jusqu'à 18 mois, détruira tous les microbes (même pour une viande réfrigérée seulement 24 h maximum ou congelée en petites portions).

CIANA
PHILIPPINE
NATHAN
AGATHE
MICKAËL

ŒUFS À LA NORVÉGIENNE

À partir de 10 mois
Pour 1 portion
20 min de préparation
3 + 8 min de cuisson

MATÉRIEL
Ramequin

INGRÉDIENTS : 5 cl de crème fleurette entière • ½ tranche de saumon fumé • 1 œuf • Ciboulette ciselée • Un peu de beurre salé • Quelques grains de poivre • Quelques grains de sel

1. Faites chauffer la crème dans une casserole avec le poivre et le sel pendant 3 min pour la faire épaissir.

2. Déposez de fines lanières de saumon fumé au fond du ramequin. Mettez-en quelques-unes de côté pour la décoration. Cassez un œuf dans le ramequin puis ajoutez la crème.

3. Déposez le ramequin dans un plat. Ajoutez de l'eau bouillante dans le plat, presque jusqu'en haut des ramequins pour faire cuire l'œuf au bain marie. Mettez une petite noix de beurre salé à côté du jaune, poivrez légèrement. Faites cuire au four à 190 °C (th. 6-7) pendant 8 min en surveillant. Si l'œuf n'est pas tout à fait cuit, laissez encore pendant quelques instants au four, la crème doit rester liquide et le jaune aussi. Seul le blanc est cuit. Décorez le ramequin de lanières de saumon fumé et de ciboulette ciselée.

CONSEIL

Pour accompagner ces œufs, préparez des mouillettes avec une brioche de la veille ou du pain un peu rassis (mais pas trop dur).

LASSI À LA FRAMBOISE

À partir de 10 mois
Pour 1 portion
5 min de préparation
2 h de repos

MATÉRIEL
Blender
1 verre

INGRÉDIENTS : 25 g de framboises • 1 yaourt nature maison (voir p. 80) ou du commerce • 5 cl de lait • 1 cuil. à soupe de sucre en poudre

1. Mixez tous les ingrédients dans le blender jusqu'à ce que la préparation soit bien lisse.

2. Versez dans le verre et laissez refroidir 2 h au réfrigérateur.

3. Servez bien frais à la cuillère ou avec une grosse paille.

SOUPE DE FRAISES

À partir de 10 mois
Pour 1 portion
5 min de préparation

MATÉRIEL
Mixeur

INGRÉDIENTS : 150 g de fraises bio ou du jardin • 3 cm d'une gousse de vanille moelleuse • 1 pincée de sucre de canne • Quelques gouttes de jus de citron

1. Mettez les fraises dans une passoire et passez-les rapidement sous l'eau. Coupez-les en petits morceaux.

2. Fendez la gousse de vanille en deux et grattez les graines sur 3 cm environ.

3. Dans le bol du mixeur, mettez les fraises avec les graines de vanille, le sucre et le citron. Mixez.

4. Servez dans le bol de bébé.

CONSEILS

Vous pouvez faire cuire cette soupe (10 min dans une petite casserole couverte) et vous en servir comme coulis au fil des jours dans les laitages du goûter de bébé (voir recette p. 120 par exemple). La soupe de fraises cuite se conserve 48 h au frais dans un récipient hermétiquement fermé.

FROMAGE BLANC
AU COULIS DE FRUITS ROUGES

À partir de 10 mois
Pour 1 portion
15 min de préparation
15 min de cuisson
1 h de repos

MATÉRIEL
1 coupelle

INGRÉDIENTS : 30 g de fromage blanc • 20 g de fruits rouges surgelés • 20 g de sucre en poudre • 1 gousse de vanille

1. Dans une casserole, à feu doux, faites cuire les fruits rouges avec le sucre en poudre et 1 cuil. à soupe d'eau pendant 15 min. Filtrez dans une passoire pour récolter le jus. Fendez la gousse de vanille en deux et retirez les graines. Mélangez les graines au coulis de fruits rouges. Laissez refroidir pendant 1 h.

2. Répartissez le fromage blanc dans une coupelle et versez le coulis de fruits rouges par-dessus.

3. Servez bien frais.

CRÈME AU CHOCOLAT

À partir de 12 mois
Pour 1 portion
10 min de préparation
10 min de cuisson

INGRÉDIENTS : 15 cl de lait de croissance • 1 jaune d'œuf • 2 barres de chocolat noir à pâtisserie

1. Cassez le chocolat en morceaux et faites-le fondre au bain-marie dans une casserole. Battez en omelette le jaune d'œuf et le lait tiède, et ajoutez ce mélange au chocolat fondu.

2. Faites cuire la préparation, tout en remuant constamment, jusqu'à ce que la crème épaississe. Ne la laissez pas bouillir, sinon elle risquerait de tourner.

3. Laissez refroidir la crème au chocolat puis mettez au réfrigérateur quelques minutes avant de servir.

CONSEIL

Vous pouvez également faire fondre le chocolat au micro-ondes, sans eau.

CRÈME À L'ABRICOT

À partir de 12 mois
Pour 2 portions
10 min de préparation
45 min de cuisson

INGRÉDIENTS : 3 abricots • 20 cl de lait • 1 cuil. à café de miel • 1 œuf

1. Lavez les abricots. Enlevez les noyaux.

2. Passez la chair au mixeur avec le lait, le miel et l'œuf.

3. Préchauffez le four à 150 °C (th. 5).

4. Versez le mélange dans des ramequins et mettez-les au bain-marie (voir p. 114). Enfournez pour 45 min de cuisson

VARIANTE

L'hiver, on peut préparer cette crème très simple avec de la mangue.

FLAN AUX ABRICOTS

À partir de 9 mois
Pour 2 portions
15 min de préparation
30 min de cuisson
4 h de repos

INGRÉDIENTS : 2 abricots frais • 1 œuf • 2 cuil. à café de sucre • 20 cl de lait de croissance environ

1. Préchauffez le four à 120 °C (th. 4).

2. Dans un saladier, cassez l'œuf et ajoutez le sucre.

3. À l'aide d'un batteur ou d'un fouet, mélangez bien.

4. Faites chauffer le lait dans une casserole et versez-le sur l'œuf sans cesser de remuer.

5. Répartissez cette préparation dans un petit plat à crème brûlée et enfournez pendant 20 min.

6. Coupez l'abricot en deux et retirez le noyau. Mettez un demi-abricot sur le flan et poursuivez la cuisson pendant 10 min. La pointe d'un couteau enfoncée à cœur doit ressortir propre et humide.

7. Sortez le plat du four et laissez refroidir pendant 4 h avant de servir.

CONSEIL

Vous pouvez adapter cette recette en fonction des fruits de saison.

MOUSSE AU CARAMEL

À partir de 12 mois
Pour 2 portions
15 min de préparation
15 min de cuisson
15 min de repos au four

MATÉRIEL
Batteur électrique

INGRÉDIENTS : 2 blancs d'œufs • Quelques grains de sel • 2 cuil. à soupe de sucre glace • 1 cuil. à soupe de caramel liquide

1. Préchauffez votre four à 180 °C (th. 6) avec un récipient contenant de l'eau.

2. Mettez les blancs d'œuf dans un saladier, ajoutez le sel et montez les blancs en neige au batteur électrique pendant au moins 5 à 6 min (ils doivent être fermes et brillants). Une minute avant la fin, ajoutez le sucre glace tout en continuant à fouetter. Ajoutez 1 cuil. à soupe de caramel liquide en mélangeant délicatement avec une spatule.

3. Prenez un petit plat à bord haut (un plat à soufflé ou moule à savarin) allant au four, beurrez-le, farinez-le puis tapotez-le pour enlever la farine en trop.

4. Versez du caramel liquide au fond du plat. Ajoutez les blancs d'œufs montés en neige, répartissez-les bien et lissez le dessus avec une spatule.

5. Enfournez pendant 15 min, puis éteignez le four et laissez la porte du four entrouverte pendant encore 15 min. Démoulez dans un plat creux et servez à bébé quand la température est adéquate.

MOUSSE DE FRUITS ROUGES

À partir de 10 mois
Pour 1 portion
20 min de préparation
15 min de cuisson
4 h de repos

MATÉRIEL
Moulin à légumes

INGRÉDIENTS : 1 feuille de gélatine • 8 cl de crème liquide environ • 100 g de fraises ou de framboises • Quelques gouttes de jus de citron • 1 cuil. à café de sucre semoule • ½ cuil. à café de sucre glace

1. Mettez la feuille de gélatine à tremper dans de l'eau froide. Placez la crème dans la partie la plus froide de votre réfrigérateur.

2. Lavez les fraises, équeutez-les et coupez-les en petits morceaux puis rincez rapidement les framboises à l'eau froide. Mettez les fruits dans une casserole avec un fond d'eau, le jus du citron et la moitié du sucre semoule. Faites cuire pendant 10 min à feu doux, puis écrasez les fruits à la fourchette. Passez-les au moulin à légumes muni d'une grille fine puis ajoutez la feuille de gélatine égouttée. Ajoutez le restant de sucre.

3. À l'aide d'un batteur électrique, montez la crème liquide en chantilly épaisse avec le sucre glace. Lorsque le coulis de fruits est à température ambiante, mélangez-le bien à la chantilly. Versez le tout dans un petit bol et laissez reposer au frais 4 h au minimum avant de servir la mousse à bébé.

COMPOTE DE FRUITS ROUGES
AU SIROP D'ÉRABLE

À partir de 10 mois
Pour 4 portions
10 min de préparation
10 min de cuisson

MATÉRIEL
Moulin à légumes
ou mixeur

INGRÉDIENTS : 500 g de fruits rouges mélangés (fraises, framboises, cerises, mûres...) • 1 pomme • 4 cuil. à soupe de sirop d'érable

1. Équeutez et nettoyez les fruits rouges. Épluchez la pomme. Coupez-la en quartiers, retirez le cœur et découpez la chair en gros morceaux.

2. Mettez les fruits dans une casserole avec un tout petit fond d'eau et faites cuire 10 min à couvert en remuant de temps en temps.

3. Passez les fruits au moulin à légumes muni d'une grille fine ou réduisez-les en purée à l'aide d'un mixeur. Terminez en mélangeant la compote avec le sirop d'érable.

CONSEIL

Dans cette recette, la pomme sert à épaissir la compote. Vous pouvez la remplacer par quelques boudoirs ou un morceau de pain.

CLAFOUTIS AUX CERISES

À partir de 10 mois
Pour 2 portions
15 min de préparation
45 min de cuisson
4 h de repos

INGRÉDIENTS : 80 g de cerises fraîches • 1 gousse de vanille • 1 cuil. à soupe de cassonade • 1 noisette de beurre • 1 œuf • 15 cl de lait 2e âge • 1 cuil. à soupe de farine • Quelques grains de sel

1. Préchauffez votre four à 170 °C (th. 5-6).

2. Nettoyez, dénoyautez et équeutez les cerises. Essorez-les rapidement dans un torchon propre.

3. Coupez la gousse de vanille en deux dans le sens de la longueur puis retirez les graines se trouvant à l'intérieur à l'aide de la pointe d'un couteau. Mélangez-les avec la cassonade.

4. Beurrez un petit moule et saupoudrez l'intérieur de sucre. Mettez-y les cerises.

5. Dans un saladier, cassez l'œuf et fouettez-le avec la cassonade à la vanille.

6. Versez ensuite le lait et terminez par la farine et le sel. Versez la pâte sur les cerises à travers un tamis et mettez le plat au four pendant 45 min. Le clafoutis doit dorer et gonfler. Il est cuit lorsque la pointe d'un couteau enfoncée à cœur ressort humide mais propre.

7. Sortez le clafoutis du four, laissez-le reposer au moins 4 h au frais et servez-le bien frais.

VARIANTE

La même recette peut être réalisée avec des framboises.

BARQUETTES MAISON
AUX FRAISES ET AMANDES

À partir de 10 mois
Pour 12 barquettes
30 min de préparation
12 min de cuisson
1 h de repos

MATÉRIEL
Moules à barquettes
ou à madeleines

INGRÉDIENTS : 125 g de farine environ • ¼ de levure chimique • 1 œuf • 50 g de yaourt nature • 70 g de sucre en poudre • 1 cuil. à soupe d'huile • 35 g de poudre d'amandes
Pour la gelée de fraise : 250 g de fraises • 1 sachet de sucre vanillé • ½ cuil. à café d'agar-agar (soit 1 g)

1. Préchauffez le four à 180 °C (th. 6). Tamisez la farine avec la levure chimique. Dans un saladier, fouettez vivement l'œuf et le yaourt. Versez le sucre, puis l'huile et la poudre d'amandes. Mélangez bien. Versez en trois fois le mélange farine-levure. Remuez bien la pâte.
2. Répartissez la préparation dans les moules puis enfournez pour 12 min.
3. Sortez du four puis laissez bien refroidir.
4. À l'aide d'un couteau, incisez le dessus des gâteaux en rectangles puis creusez avec une cuillère à café.
5. Dans une casserole, faites cuire les fraises avec le sucre pendant 5 min. Mixez-les puis délayez l'agar-agar. Portez à ébullition puis laissez cuire 2 min de plus tout en remuant à l'aide d'une cuillère en bois.
6. Répartissez la gelée de fraise dans les trous des barquettes puis laissez figer 1 h.

VARIANTES

Faites découvrir de nouvelles saveurs à bébé en réalisant cette recette avec différents types de fruits.

MUFFINS AU RIZ

À partir de 9 mois
Pour 1 portion
20 min de préparation
20 min de cuisson

INGRÉDIENTS : 50 g de farine • 1 cuil. à soupe de sucre en poudre • 1 œuf • 20 g de beurre • 10 cl de lait • 1 tasse de riz cuit

1. Mélangez dans une terrine la farine et le sucre. Creusez un puits où vous mettez l'œuf entier.

2. Ajoutez la moitié du beurre fondu et travaillez jusqu'à obtenir une pâte homogène, sans grumeaux. Délayez avec le lait en fouettant de l'intérieur vers l'extérieur. Incorporez le riz et mélangez jusqu'à ce que les grains soient bien répartis.

3. Préchauffez le four à 220 °C (th. 7-8).

4. Versez la préparation dans des moules à muffins préalablement beurrés et farinés et enfournez pour 20 min de cuisson.

5. Démoulez les muffins au sortir du four, et donnez-en un à bébé pour son goûter ou son petit déjeuner, tiède ou à température ambiante.

CONSEIL

Les muffins se conservent plusieurs jours dans une boîte hermétique. Le lendemain, on peut parsemer un muffin de sucre de canne et le faire réchauffer quelques minutes au four afin de légèrement le caraméliser.

4

DE 12 À 24 MOIS

LAIT AUX VERMICELLES

À partir de 12 mois
Pour 1 portion
5 min de préparation
4 min de cuisson
5 min de repos

INGRÉDIENTS : 25 cl de lait • 1 petite pincée de sel • 1 pétale d'ail (c'est-à-dire une fine tranche prélevée à l'économe) • 1 petite pincée de noix muscade • 2 cuil. à soupe de vermicelles ou de cheveux d'ange coupés (environ 30 g) • 1 noisette de beurre

1. Versez le lait dans une petite casserole. Ajoutez une petite pincée de sel, le pétale d'ail et râpez un soupçon de noix muscade. Portez à frémissements.

2. Ajoutez les vermicelles en remuant. Laissez frémir 4 min en faisant attention à ce que le lait ne déborde pas.

3. Ajoutez 1 noisette de beurre, puis versez dans l'assiette de bébé. Mélangez jusqu'à ce que la température convienne à bébé et donnez à la cuillère.

VARIANTE

Remplacez la muscade et le sel par de la cannelle et du sucre en même quantité, et cette soupe de lait aux vermicelles se transforme en dessert !

ŒUF EN BRIOCHE

À partir de 12 mois
Pour 1 portion
5 min de préparation
15 min de cuisson

INGRÉDIENTS : 1 petite brioche nature • 1 cuil. à soupe de crème fraîche • 2 cuil. à soupe de coulis de tomate • 1 œuf frais • 2 brins de ciboulette

1. Préchauffez le four à 180 °C (th. 6).

2. Coupez le chapeau de la brioche et videz-la délicatement de sa mie à l'aide d'un couteau.

3. Mélangez la crème et le coulis de tomate. Badigeonnez l'intérieur de la brioche d'une cuillère de ce mélange. Versez-y l'œuf délicatement, et recouvrez avec le reste du mélange tomate-crème.

4. Glissez la brioche au four pour 15 min de cuisson avec le chapeau posé à côté afin qu'il puisse dorer. Lorsque le blanc d'œuf est saisi, c'est cuit.

5. Pendant ce temps, lavez et ciselez la ciboulette.

6. Posez cette « surprise » sur l'assiette de bébé après lui avoir remis son chapeau. Parsemez de ciboulette ciselée.

CONSEIL

À 12 mois, bébé est attentif à son assiette et cet œuf en brioche est une véritable surprise visuelle. Aidez-le à manger le contenu à la cuillère, puis découpez la brioche restante en morceaux qu'il pourra manger à la main. Les protéines de l'œuf, les féculents de la brioche et les propriétés de la tomate font de cette brioche garnie un petit plat complet.

SALADE MEXICAINE

À partir de 15 mois
Pour 1 portion
10 min de préparation

INGRÉDIENTS : 1 cuil. café de mayonnaise maison • ½ yaourt nature • ½ cuil. à café de paprika doux • ¼ de poivron rouge • ½ tomate • 1 pomme de terre cuite • 3 cm de concombre épluché • 100 g de grains de maïs égouttés

1. Dans un bol, mélangez la mayonnaise avec le yaourt et la poudre de paprika.

2. Lavez le poivron et la tomate. Coupez-les en tout petits morceaux. Coupez la pomme de terre et le concombre en petits cubes. Egouttez les grains de maïs.

3. Ajoutez ces ingrédients à la sauce et mélangez. Servez à bébé.

VARIANTE

Vous pouvez ajouter un petit morceau de poulet à cette salade ou une tranche de jambon coupée en petits morceaux.

CONSEIL

Il n'est jamais utile de forcer bébé. S'il fait la grimace devant l'un des ingrédients, n'hésitez pas à le remplacer par un autre, et n'en faites pas un problème. Vous y reviendrez dans quelques semaines.

SALADE DE RIZ

À partir de 15 mois
Pour 2 portions
15 min de préparation
5 min de cuisson

INGRÉDIENTS : 1 œuf • Quelques gouttes de jus de citron • ½ cuil. à café de moutarde douce en grains • 1 cuil. à soupe d'huile d'olive • ½ boîte de maïs doux • 1 poignée de tomates cerise • ½ boîte de thon à l'huile • 1 ou 2 verres à moutarde de riz blanc cuit • Quelques olives noires dénoyautées • Un peu de sel et de poivre

1. Mettez l'œuf dans une casserole et recouvrez-le d'eau chaude. Mettez-le sur le feu et, quand l'eau bout, comptez 5 min de cuisson.

2. Retirez la casserole du feu et placez l'œuf sous l'eau froide pendant plusieurs minutes. Sortez-le de l'eau et écalez-le, puis coupez-le en quartiers.

3. Dans un bol, pressez un citron pour obtenir quelques gouttes de jus et ajoutez la moutarde, un peu de sel et un peu de poivre. Mélangez bien et ajoutez l'huile.

4. Égouttez le maïs, puis nettoyez les tomates cerise et coupez-les en deux.

5. Écrasez le thon à la fourchette puis ajoutez le maïs, le riz cuit, les tomates, la sauce et mélangez bien. Vérifiez l'assaisonnement, décorez avec les olives et les quartiers d'œuf dur, et servez aussitôt à bébé.

VARIANTES

En fonction des goûts de bébé, vous pouvez remplacer certains ingrédients par d'autres (les olives noires, par exemple, ne plaisent pas toujours du premier coup), comme des petits morceaux de concombre ou des rondelles de radis. Pensez également aux herbes, comme la menthe, le cerfeuil, le basilic ou la ciboulette.

TABOULÉ

À partir de 12 mois
Pour 1 ou 2 portions
30 min de préparation
1 nuit + 1 h de repos

INGRÉDIENTS : 50 g de graines de couscous moyen • 10 cl d'eau • 1 tomate • ¼ concombre • 3 feuilles de persil plat • ½ citron • 1 cuil. à soupe d'huile d'olive • Un peu de sel

1. La veille, versez les graines de couscous dans un saladier avec l'eau. Mélangez bien avec une fourchette, puis mettez le saladier au frigo, sans oublier de remuer de temps en temps pour l'égrainer. Rajoutez un peu d'eau si la semoule vous paraît trop sèche.

2. Le jour même, coupez la tomate en deux. Videz les pépins et le jus, puis coupez la chair en petits cubes. Pelez le concombre et coupez-le en petits cubes. Coupez les feuilles de persil en lanières avec des ciseaux. Pressez le citron.

3. Versez dans le saladier avec les graines de couscous : le jus de citron, l'huile d'olive, les cubes de tomate et de concombre et les lanières de persil. Mélangez bien le tout. Assaisonnez avec quelques grains de sel. Laissez le taboulé au frigo pendant 1 h avant de le servir à bébé.

PURÉE DE LENTILLES CORAIL ET PATATE DOUCE

À partir de 15 mois
Pour 4 portions
10 min de préparation
20 min de cuisson

MATÉRIEL
Moulin à légumes
ou mixeur

INGRÉDIENTS : 100 g de lentilles corail • 1 patate douce • 1 yaourt brassé • Quelques gouttes de jus de citron vert

1. Rincez les lentilles sous l'eau froide.

2. Épluchez la patate douce puis coupez-la en rondelles.

3. Mettez les légumes dans une casserole et couvrez d'eau froide. Faites cuire à petits bouillons pendant 15 à 20 min. Les légumes sont cuits lorsque la pointe d'un couteau s'enfonce sans résistance dans les morceaux de patate douce et que les lentilles sont moelleuses.

4. Égouttez les légumes et passez-les au moulin à légumes muni d'une grille fine ou réduisez-les en purée à l'aide d'un mixeur.

5. Ajoutez alors le yaourt et quelques gouttes de citron vert. Mélangez bien avant de servir à bébé.

CONSEILS

Le citron vert n'est pas obligatoire, mais il va apporter une touche acide agréable qui va rehausser le goût de la purée. Pour les bébés aventureux, n'hésitez pas à ajouter quelques feuilles de coriandre fraîche hachées.

MINI-RAVIOLES AU BROCOLI

À partir de 12 mois
Pour 1 portion
5 min de préparation
14 min de cuisson

INGRÉDIENTS : 150 g de fleurs de brocoli • 70 g de ravioles de Romans au fromage • 1 œuf de caille • 1 cuil. à soupe de crème liquide • 1 cuil. à café de parmesan râpé

1. Lavez et découpez les fleurs de brocoli en petits bouquets. Faites-les cuire dans une petite casserole d'eau bouillante salée pendant 10 min.

2. Au bout de ce temps de cuisson, ajoutez les ravioles pour 4 min de cuisson.

3. Pendant ce temps, dans le bol de bébé, mélangez le jaune de l'œuf de caille à la crème.

4. Aussitôt égouttés, versez les ravioles et les brocolis sur le mélange jaune d'œuf et crème. Parsemez d'un peu de parmesan râpé, mélangez et servez.

VARIANTE

À partir de 15 mois, on peut faire frire les ravioles à la poêle à feu moyen dans une noisette de beurre.

GNOCCHIS AUX POMMES DE TERRE

À partir de 12 mois
Pour 1 à 2 portions
20 min de préparation
40 min de cuisson

MATÉRIEL
Lèchefrite
Moulin à légumes

INGRÉDIENTS : 3 pommes de terre type BF15, charlotte ou amandine • 1 jaune d'œuf • 50 g de farine • Un peu de gros sel

1. Préchauffez le four à 180 °C (th. 6).

2. Brossez les pommes de terre sous l'eau froide. Saupoudrez du gros sel sur une lèchefrite et posez les pommes de terre dessus. Enfournez pendant 30 à 35 min, jusqu'à ce que la pointe d'un couteau enfoncée à cœur ne rencontre aucune résistance.

3. Sortez les pommes de terre du four et laissez-les tiédir.

4. Épluchez-les et passez la chair au moulin à légumes muni d'une grille fine. Quand la purée de pommes de terre est froide, ajoutez le jaune d'œuf, la farine et vérifiez l'assaisonnement. Vous devez obtenir une pâte qui ne colle plus aux doigts.

5. Sur un plan de travail fariné, étalez cette pâte en un long boudin de 1 cm de diamètre. Coupez-le en tronçons de 2 à 3 cm de long et appuyez un côté des gnocchis sur une fourchette afin de les strier. Placez-les au fur et à mesure au congélateur.

6. Portez à ébullition une grande casserole d'eau salée et plongez-y délicatement les gnocchis. Laissez cuire à petits bouillons pendant 5 min et sortez-les délicatement de l'eau à l'aide d'une écumoire. Laissez refroidir un peu avant de servir à bébé.

CONSEIL

Vous pouvez servir ces gnocchis avec une sauce tomate, un peu de gruyère râpé, et faire gratiner le tout pendant 15 à 20 min au four à 170 °C (th. 5-6).

FILET MIGNON, TARTE FINE
DE POMMES DE TERRE

À partir de 18 mois
Pour 1 portion
15 min de préparation
20 min de cuisson

INGRÉDIENTS : 3 feuilles de brick • 1 noisette de beurre fondu • 2 petites pommes de terre • ½ échalote • 50 g de filet mignon ou de grillade de porc • 1 noisette de beurre • 1 cuil. à café d'huile d'arachide • La chair de 3 pruneaux

1. Préchauffez le four à 180 °C (th. 6).

2. Coupez des cercles d'environ 15 cm de diamètre dans les feuilles de brick. Beurrez-les et superposez-les sur un tapis ou une feuille de cuisson.

3. Épluchez les pommes de terre et coupez-les en deux dans le sens de la longueur, puis en très fines lamelles. Recouvrez les feuilles de brick avec les lamelles disposées en éventail. Enfournez pour 20 min de cuisson.

4. Pendant ce temps, hachez menu l'échalote. Faites saisir la viande et cuire l'échalote dans le mélange beurre et huile pendant 8 min. À la fin, ajoutez la chair de pruneaux et mélangez.

5. Lorsque la tarte fine de sort du four, dressez la viande au centre et servez à bébé.

CONSEIL

Comme pour toutes les viandes, il est recommandé de cuire le porc à cœur pour détruire les microbes qui auraient pu s'y développer.

FOIE DE VOLAILLE, ÉCRASÉ DE PATATE DOUCE

À partir de 15 mois
Pour 1 portion
15 min de préparation
32 min de cuisson

INGRÉDIENTS : 150 g de chair de patate douce • ½ échalote • 1 cuil. à café d'huile d'arachide • 30 g de foie de volaille • Les feuilles de 1 branche d'estragon • 1 pincée de curry en poudre • 50 g de fromage blanc ou de yaourt onctueux

1. Épluchez la patate douce et coupez-la en morceaux que vous faites cuire 20 min à la vapeur.

2. Pendant ce temps, émincez l'échalote et faites-la fondre dans l'huile pendant 5 min à feu moyen.

3. Ajoutez-y le foie et les feuilles d'estragon lavées et ciselées. Laissez cuire encore 7 min.

4. Dans un bol, écrasez les morceaux de patate douce avec le curry et le fromage blanc ou le yaourt à la fourchette.

5. Coupez le foie en petits morceaux et servez à bébé avec la purée.

CONSEIL

Le foie de volaille et le foie de veau sont les plus fins, bien que leur chair n'ait pas tout à fait la même saveur ni la même densité. Selon la préférence de bébé, choisissez l'un ou l'autre, ou encore le foie de génisse, peu onéreux.

7

PAVÉ DE SAUMON MARINÉ

À partir de 15 mois
Pour 1 portion
10 min de préparation
12 min de cuisson
1 nuit de repos

INGRÉDIENTS : 40 g de saumon Label rouge, avec la peau • Quelques gouttes de sauce soja légère • 1 pincée de sucre de canne • 3 gouttes de vinaigre doux (cidre, prune ou riz) • ½ cuil. à café d'huile neutre (arachide, colza)

1. La veille ou le matin pour le soir, mettez tous les ingrédients (sauf l'huile)dans un pot en plastique avec un couvercle. Fermez hermétiquement et secouez. Conservez au réfrigérateur. Lorsque vous ouvrirez le réfrigérateur, pensez à secouer le pot, à une ou deux reprises, pour mélanger la marinade au poisson.

2. Au moment du repas, chauffez l'huile dans une petite poêle à feu moyen. Posez le morceau de poisson côté peau dans la poêle. Cuisez 7 min côté peau, et 5 min côté chair. Le poisson est cuit quand il se détache sous la pression des dents d'une fourchette.

3. Écrasez à la fourchette dans l'assiette de bébé.

CONSEIL

Ce poisson se marie bien avec du riz blanc ou semi-complet et des épinards sautés au sésame.

国産有機

RIZ AUX CREVETTES
ET BANANE PLANTAIN

À partir de 15 mois
Pour 1 portion
20 min de préparation
25 min de cuisson

INGRÉDIENTS : 4 crevettes congelées crues • ½ échalote • 1 cuil. à café d'huile d'arachide • 30 g de riz blanc et sauvage mélangé • 1 pincée de poudre de curcuma ou de colombo • 10 cl d'eau • 1 banane plantain • 1 cuil. à café d'huile d'arachide

1. Faites décongeler les crevettes sur une assiette. Hachez menu l'échalote.

2. Dans un poêlon, faites rissoler l'échalote dans 1 cuil. d'huile à feu doux à moyen pendant 5 min. Ajoutez le riz et l'épice et remuez 5 min jusqu'à ce que le riz ait absorbé l'huile et devienne translucide. Ajoutez l'eau, couvrez et laissez cuire 5 min.

3. Pendant ce temps, décortiquez et retirez le petit boyau noir du dos de la crevette en fendant celui-ci sur toute la longueur avec la lame d'un couteau.

4. Émincez la banane et coupez chaque tranche en deux. Faites dorer les morceaux 4 min de chaque côté, jusqu'à ce que la chair de plantain soit tendre.

5. Retirez les morceaux de plantain et réservez. Remplacez par les crevettes et faites-les sauter à feu vif. Ajoutez un peu d'huile au besoin.

6. Versez le riz sur l'assiette de bébé et décorez de plantain et de crevettes.

REMARQUE

Cette recette est originaire des îles, où la banane plantain complète le plat comme légume-féculent.

COMPOTE DE MELON AU MIEL

À partir de 12 mois
Pour 1 ou 2 portions
10 min de préparation
10 min de cuisson

MATÉRIEL
Moulin à légumes
ou mixeur

INGRÉDIENTS : ½ pomme • 1 melon de Cavaillon • 1 cuil. à soupe de miel

1. Épluchez la demi-pomme et coupez-la en petits morceaux. Coupez le melon en deux, retirez les graines, puis découpez des quartiers et retirez la peau. Coupez ensuite la chair en gros morceaux.

2. Dans une casserole, rassemblez la pomme et le melon, mettez un tout petit fond d'eau et laissez cuire 10 min à couvert. Terminez en ajoutant le miel.

3. Passez les fruits au moulin à légumes muni d'une grille fine ou réduisez-les en purée à l'aide d'un mixeur. La compote est un peu liquide mais elle va s'épaissir en refroidissant.

VARIANTES

Vous pouvez ajouter, si le pédiatre le permet, 1 cuil. à soupe de poudre d'amandes. Vous pouvez aussi faire une compote en remplaçant la moitié du melon de Cavaillon par du melon jaune.

YAOURTS À LA CONFITURE DE LAIT

À partir de 18 mois
Pour 4 yaourts
10 min de préparation
9 h de cuisson
2 h de repos

MATÉRIEL
Yaourtière
4 pots en verre

INGRÉDIENTS : 40 cl de lait entier • ½ yaourt nature • 1 cuil. à soupe de lait en poudre • 4 cuil. à soupe de confiture de lait

1. Répartissez 4 cuil. à soupe de confiture de lait dans le fond des pots de yaourts en verre.

2. Mélangez le lait et le yaourt dans un saladier. Ajoutez le lait en poudre et remuez vivement. Versez la préparation dans les pots en verre et déposez-les dans la yaourtière. Lancez un cycle de 9 h.

3. Couvrez les yaourts et laissez-les reposer 2 h au réfrigérateur avant de les faire goûter à bébé.

FEUILLETÉS À LA COMPOTE

À partir de 12 mois
Pour 4 feuilletés
20 min de préparation
15 min de cuisson

INGRÉDIENTS : 1 rouleau de pâte feuilletée • 200 g de compote de pommes • 1 poignée de raisins secs • Un peu de cannelle en poudre • 1 jaune d'œuf battu

1. Préchauffez le four à 180 °C (th. 6). Coupez la pâte en 4 triangles, et posez-les sur une plaque antiadhésive ou recouverte de papier sulfurisé.

2. Répartissez la compote sur un côté des triangles de pâte, en laissant la bordure sans compote. Mettez les raisins par-dessus et saupoudrez-les de cannelle.

3. Avec un pinceau, étalez du jaune d'œuf sur les bords de la pâte, puis repliez-la sur elle-même pour fermer les feuilletés. Appuyez bien pour coller les bords.

4. Badigeonnez le dessus des feuilletés avec du jaune d'œuf, puis enfournez pour 15 min. Laissez bien refroidir avant de servir à bébé.

BRIOCHE PERDUE

À partir de 12 mois
Pour 4 portions
5 min de préparation
10 min de cuisson

INGRÉDIENTS : 4 tranches de brioche (si possible un peu sèche) • 10 cl de lait • 1 œuf • 40 g de sucre • 1 noix de beurre pour la poêle

1. Dans un bol, mélangez le lait, l'œuf et 10 g de sucre avec une fourchette. Versez le mélange dans une assiette creuse et trempez-y les tranches de brioche. Ne les laissez pas trop longtemps, pour ne pas qu'elles deviennent trop molles.

2. Faites chauffer une poêle à feu vif avec le beurre. Faites cuire les tranches de brioche quelques minutes de chaque côté, jusqu'à ce qu'elles soient bien dorées.

3. Saupoudrez-les avec le sucre restant avant de les servir.

CONSEIL

Vous pouvez aussi les saupoudrer d'un peu de cannelle, et les découper avec des emporte-pièce pour créer des formes rigolotes.

TIRAMISU AU CASSIS

À partir de 15 mois
Pour 1 portion
20 min de préparation
1 h de repos

INGRÉDIENTS : 60 g de mascarpone • 50 g de fromage blanc • 1 cuil. à café de confiture de cassis • 1 œuf • 1 spéculoos à l'épeautre

1. Montez le mascarpone au fouet et mélangez délicatement avec le fromage blanc et 1 cuil. de confiture de cassis. Séparez le blanc du jaune de l'œuf et montez à part le blanc en neige. Incorporez délicatement le jaune d'œuf dans le mascarpone, et le blanc d'œuf pour finir.

2. Dans un sachet, écrasez le spéculoos en miettes.

3. Au fond d'un verre ou d'un gobelet adapté à bébé, mettez une couche de spéculoos. Ajoutez la moitié de la crème puis une deuxième couche de spéculoos. Terminez avec le reste de la crème et décorez de la deuxième cuillerée de confiture.

4. Mettez 1 h au frais avant de servir.

CONSEIL

Ce dessert, assez riche en calories, est à considérer comme un dessert pris une fois par semaine, et non pas par exemple comme un laitage à donner chaque fin de repas.

SALADE DE FRUITS ROUGES À LA MENTHE

À partir de 15 mois
Pour 1 portion
10 min de préparation
5 min de cuisson
2 h de repos

INGRÉDIENTS : 1 cuil. à soupe de cassonade • 1 brin de menthe • ½ citron vert • 1 cuil. à soupe de fraises • 1 cuil. à soupe de framboises • 1 cuil. à soupe de myrtilles • 1 cuil. à soupe de mûres

1. Préparez le sirop à la menthe : mettez quelques cuillères à soupe d'eau froide dans une casserole avec la cassonade et les feuilles de menthe.

2. Allumez le feu et quand l'eau bout, comptez 1 à 2 min de cuisson. Une fois ce temps écoulé, éteignez le feu et laissez refroidir. Ajoutez alors le jus du citron vert (mettez-en selon le goût de bébé).

3. Nettoyez les fruits, équeutez les fraises et coupez les plus grosses en deux ou en quatre. Dans un saladier, mélangez tous les fruits et versez dessus le sirop à la menthe à travers un tamis. Laissez reposer 2 h au réfrigérateur.

4. Juste avant de servir, mélangez une dernière fois la salade.

CONSEILS

Selon la saison, vous pouvez aussi faire d'autres salades en suivant la même recette. Voici quelques idées :

- melon, pastèque, framboises, fraises
- ananas, oranges, fraises, mangue
- fraises, raisin, oranges, poires
- pommes, framboises, poires, clémentines

MINI-ROULÉS À LA PÂTE À TARTINER

À partir de 18 mois
Pour 4 mini-roulés
20 min de préparation
8 min de cuisson

MATÉRIEL
Batteur
Plaque
Papier cuisson

INGRÉDIENTS : 20 g de farine • 20 g de Maïzena® • 3 œufs • 30 g de sucre • 1 petit pot de pâte à tartiner • 1 portion de sauce au chocolat • Quelques noisettes concassées

1. Préchauffez le four à 180 °C (th. 6). Tamisez la farine avec la Maïzena®. Cassez 2 œufs et séparez les blancs des jaunes. Réservez les blancs dans un saladier. Dans un bol, fouettez les 2 jaunes et l'œuf entier avec la moitié du sucre. Montez les 2 blancs en neige en versant le reste de sucre et en fouettant sans cesse. Incorporez-les aux jaunes en soulevant délicatement la préparation avec une spatule. Versez enfin le mélange de farine en pluie.

2. Tapissez la plaque de papier cuisson, puis versez la préparation de façon homogène sur 1 cm d'épaisseur. Enfournez pour 8 min. Laissez bien refroidir.

3. Coupez des petits rectangles et, avec une spatule, recouvrez chacun d'eux de pâte à tartiner. Roulez-les ensuite délicatement.

4. Servez ces mini-roulés avec un peu de sauce au chocolat et parsemez quelques noisettes sur le dessus.

MINI-CAKES NOISETTE-CHOCOLAT

À partir de 12 mois
Pour 10 mini-cakes
15 min de préparation
20 min de cuisson

MATÉRIEL
Moule à mini-cakes

INGRÉDIENTS : 150 g de beurre • 70 g de farine de blé T55 ou de crème d'avoine • 80 g de farine de noisette • ½ sachet de levure chimique • 1 cuil. à café de poudre de cacao pur • 3 œufs • 130 g de sucre de canne

1. Préchauffez le four à 180 °C (th. 6).

2. Faites fondre le beurre puis laissez-le refroidir à température ambiante. Dans un bol, mélangez les farines à la levure et à la poudre de cacao.

3. Dans un deuxième bol, cassez les œufs et mélangez-les au beurre et au sucre. Fouettez jusqu'à obtenir un mélange blanc et mousseux. Versez le premier mélange dessus et mélangez jusqu'à obtenir une pâte lisse.

4. Remplissez des petits moules à cakes aux deux tiers et enfournez pour 20 min de cuisson.

CONSEIL

Pour le goûter, complétez avec un verre de lait ou un jus de fruits. Ces petits cakes se gardent au moins une semaine dans une boîte hermétique.

VARIANTES

Pour varier, on peut remplacer le cacao par de la vanille. Pour ajouter des fruits, remplissez chaque moule à moitié et déposez-y un petit morceau de pomme, de poire ou de pruneau par exemple.

MINI-ÉCLAIRS AU CHOCOLAT

À partir de 18 mois
Pour 20 mini-éclairs
30 min de préparation
40 min de cuisson
1 h + 20 min de réfrigération

MATÉRIEL
Poche à douille

INGRÉDIENTS : Pour la pâte à choux : 12,5 cl de lait • 12,5 cl d'eau • 115 g de beurre • 1 cuil. à café de sucre • ½ cuil. à café de sel • 140 g de farine • 4 gros œufs **Pour la crème pâtissière au chocolat :** 65 cl de lait • 4 jaunes d'œufs • 80 g de sucre • 30 g de Maïzena® (fécule de maïs) • 150 g de chocolat noir pâtissier **Pour le glaçage :** Pâte à tartiner (style Nutella®)

1. Préparez la pâte à choux : dans une casserole, versez le lait, l'eau, le beurre, le sucre et le sel, et mélangez. Lorsque la préparation est homogène, retirez la casserole du feu et versez la farine en une fois puis mélangez. Remettez la boule de pâte obtenue à chauffer à feu doux pendant 2 min en mélangeant (elle doit se détacher des bords).

2. Battez les œufs, et versez-en un peu sur la pâte, mélangez bien. Lorsque la pâte a tout absorbé, ajoutez-en encore un peu et mélangez. Versez le reste et mélangez jusqu'à obtenir une pâte onctueuse. Mettez-la dans une poche à douille. Sur une plaque recouverte de papier sulfurisé, déposez des petits boudins de pâte, sans qu'ils se touchent. Lissez le dessus avec un pinceau enduit d'un petit reste des œufs battus. Enfournez 20 min à 180 °C (th. 6) sans ouvrir la porte du four.

3. Préparez la crème pâtissière : dans une casserole, faites chauffer 40 cl de lait. Battez les 4 jaunes d'œufs avec le sucre puis ajoutez la Maïzena®. Lorsque le lait commence à frémir, versez-en sur les œufs battus. Remuez bien puis reversez dans la casserole. Fouettez et mettez à feu doux 1 min pour que le mélange commence à épaissir. Versez la crème dans un saladier, laissez-la refroidir puis recouvrez de film alimentaire et placez au frais.

4. Lorsque la crème pâtissière est froide, fouettez-la. Portez le lait restant (25 cl) à ébullition, et versez-le sur le chocolat coupé en petit morceaux, mélangez en fouettant. Versez cette préparation dans la crème pâtissière, mélangez et remettez le tout une vingtaine de minutes au frigo.

5. Préparez les éclairs : à l'aide d'une pique, percez-les par en dessous. Avec une poche munie d'une petite douille, fourrez-les de crème pâtissière. À l'aide d'une spatule, étalez une fine couche de pâte à tartiner sur chaque éclair. Conservez-les au frais jusqu'au moment de la dégustation.

ROBOT

AMARETTI (BISCUITS AUX AMANDES)

À partir de 18 mois
Pour 20 amaretti environ
15 min de préparation
15 min de cuisson

MATÉRIEL
Batteur électrique
Poche à douille
Tamis

INGRÉDIENTS : 125 g de blancs d'œufs (environ 4 blancs) • 100 g de sucre semoule • 100 g de sucre glace + un peu pour la finition • 200 g de poudre d'amandes • 1 cuil. à café d'extrait d'amande amère

1. Préchauffez votre four à 160 °C (th. 5-6). À l'aide d'un batteur, montez les blancs d'œufs en neige et ajoutez les deux sucres quand les blancs commencent à être bien mousseux.

2. Ajoutez la poudre d'amandes et l'extrait d'amande amère (pas trop, si bébé n'aime pas ça) et remuez doucement avec une spatule jusqu'à l'obtention d'un mélange homogène.

3. Versez la préparation dans une poche à douille avec une douille moyenne et formez des petits ronds sur une plaque recouverte de papier sulfurisé. Saupoudrez-les de sucre glace à l'aide d'un tamis.

4. Enfournez pendant environ 15 min à 180 °C (th. 6). Les biscuits ne doivent pas trop dorer. À la sortie du four, mettez les amaretti à refroidir sur une grille et saupoudrez-les de sucre glace.

CONSEIL

Les amaretti se conservent plusieurs jours dans une boîte bien hermétique.

CRÊPES

À partir de 18 mois
Pour une douzaine de crêpes
10 min de préparation
20 min de cuisson

INGRÉDIENTS : 3 œufs • 600 ml de lait frais entier • 50 g de beurre fondu • 170 g de farine • 2 pincées de sel • Huile pour graisser la crêpière

1. Cassez les œufs dans un saladier et ajoutez le lait et le beurre. Mélangez bien puis versez petit à petit la farine et le sel sans cesser de fouetter.

2. Quand vous avez versé toute la farine, passez la pâte à travers un tamis afin de filtrer les grumeaux.

3. Faites chauffer un peu d'huile dans une poêle ou une crêpière. Pensez à bien l'étaler partout (y compris sur les rebords de la poêle) à l'aide d'un papier absorbant plié (renouvelez cette opération entre chaque crêpe).

4. Versez une louchette de pâte et tournez la poêle afin que la pâte s'étale. Laissez cuire 1 à 2 min avant de la retourner et laissez-la de nouveau cuire 1 à 2 min.

5. Faites glisser la crêpe sur une assiette et recommencez jusqu'à épuisement de la pâte. À servir avec les ingrédients préférés de bébé : confiture, compote, fruits frais, pâte à tartiner, sucre en poudre...

CONSEILS

Pour ne pas rater votre première crêpe, laissez bien chauffer l'huile jusqu'à ce qu'elle commence à fumer. Baissez alors le feu et versez la pâte à crêpes.
Cette recette est neutre, c'est-à-dire qu'elle convient aussi bien pour des crêpes salées que sucrées. Si vous ne voulez faire que des crêpes sucrées, vous pouvez ajouter dans la pâte 2 sachets de sucre vanillé.

5

DE 24 À 36 MOIS

LIMONADE MAISON, VARIANTES

À partir de 24 mois
Pour 1 verre
10 min de préparation

INGRÉDIENTS DE BASE : 1 cuil. à café de jus de citron vert • ½ verre d'eau pétillante • ½ verre d'eau minérale • 1 branche de menthe **+ Pour une boisson pétillante acidulée** ½ cuil. à café de sucre de canne ou de sirop d'agave **OU Pour une boisson pétillante rose** 1 cuil. à café de sirop d'eau de rose ou de grenadine **OU Pour une boisson tonique** 1 cuil. à café de sucre vanillé • 1 pointe de couteau de gingembre râpé

1. Mélangez tous les ingrédients bien frais. Pour la recette au gingembre, laissez infuser celui-ci 10 min et filtrez avant de servir.

2. Décorez avec une branche de menthe.

NUTRITION

La limonade maison présente plusieurs avantages : elle permet de maîtriser la quantité de sucre et d'assurer la naturalité des boissons données aux enfants. D'autre part, elle évite l'achat systématique de canettes, ce qui est intéressant d'un point de vue budgétaire et écologique.

Blo

SALADE DE CONCOMBRE À LA CRÈME

À partir de 24 mois
Pour 1 portion
15 min de préparation
1 h de repos

INGRÉDIENTS : ½ concombre • ½ cuil. à café de moutarde douce • Quelques brins de menthe • 3 cuil. à soupe de crème liquide • Un peu de sel et de poivre

1. Épluchez le concombre et émincez-le avec un couteau ou une râpe.

2. Mettez les rondelles de concombre dans un saladier et saupoudrez-les de sel fin. Mélangez et laissez reposer pendant 1 h.

3. Effeuillez la menthe et coupez les feuilles en lanières très fines.

4. Égouttez bien les rondelles de concombre, mettez-les dans un saladier avec la menthe, un peu de poivre et la crème.

5. Mélangez et servez à bébé.

SALADE DE CREVETTES
ET POUSSES DE BAMBOU

À partir de 24 mois
Pour 1 portion
10 min de préparation

INGRÉDIENTS : ¼ boîte de pousses de bambou • 5 crevettes décortiquées cuites • 1 poignée de tomates cerise • 1 poignée de pousses d'épinards • ½ avocat mûr • Quelques gouttes de jus de citron vert • 1 pointe de Savora® • 2 cuil. à soupe d'huile d'olive • Un peu de sel et de poivre

1. Égouttez les pousses de bambous. Nettoyez les tomates cerise et coupez-les en deux. Lavez les pousses d'épinards et essorez-les bien.

2. Dans un saladier, mélangez le citron, la Savora®, un peu de sel et de poivre, et l'huile.

3. Mettez ensuite les pousses de bambou, les crevettes, les tomates et les épinards dans le saladier.

4. Coupez l'avocat en petits cubes et ajoutez-les à la salade.

5. Mélangez bien et servez aussitôt.

CONSEIL

Vous pouvez aussi ajouter à cette salade des cœurs de palmier, des mini-épis de maïs ou du maïs en boîte.

労力
速力

BALLOTINS AU CHÈVRE FRAIS

À partir de 24 mois
Pour 1 portion
15 min de préparation
4 min de cuisson

MATÉRIEL
Mixeur

INGRÉDIENTS : 4 gros grains de raisin blanc • 4 cuil. à soupe de fromage de chèvre frais • 2 cuil. à soupe de poudre d'amandes • 4 feuilles de brick • 1 cuil. à café d'huile d'olive • Quelques feuilles de salade tendres : laitue ou feuille de chêne • ½ pomme • Quelques gouttes de jus de citron • 1 cuil. à café d'huile de noisette

1. Préchauffez le four à 210 °C (th. 7).

2. Lavez le raisin, coupez les grains en deux et épépinez-les. Mixez-les avec le fromage de chèvre et la poudre d'amandes jusqu'à obtenir une sauce épaisse.

3. Découpez la feuille de brick en deux, puis étalez-la sur une surface sèche. Répartissez un peu de mousse au fromage de chèvre sur chaque quart découpé et pliez-le pour en faire un petit ballotin. Au pinceau, passez un peu d'huile d'olive sur la pâte.

4. Enfournez pour 4 min. Dès que la pâte est dorée, retirez les ballotins du four.

5. Ciselez les feuilles de salade lavées. Épluchez et coupez la pomme en petits cubes et mélangez avec le jus de citron et l'huile de noisette. Ajoutez la salade ciselée.

6. Tapissez l'assiette de bébé avec la salade et posez les ballotins dessus.

VARIANTES

Cette préparation maison est un bon prétexte pour varier l'alimentation des enfants : fromages et fruits, ou même viande, seront choisis en fonction des saisons et de votre inspiration.

MINI-SANDWICHS MIMOSA

À partir de 24 mois
Pour 3 portions
15 min de préparation
15 min de cuisson

MATÉRIEL
Mixeur (facultatif)

INGRÉDIENTS : 30 g de petits pois écossés frais ou congelés • 1 œuf • 1 avocat • 10 feuilles de menthe • 1 pincée de sel et 3 tours de poivre du moulin (fin) • ½ cuil. à café de vinaigre • 6 tranches de pain de mie • 5 feuilles de laitue • 6 tomates cerise • 3 brins de ciboulette • 1 cuil. à café de graines de sésame

1. Faites cuire les petits pois et l'œuf à la vapeur pendant 15 min. Refroidissez les petits pois dans une passoire sous l'eau courante. Faites de même avec l'œuf, et écalez-le sous le filet d'eau.

2. Dans un bol, mettez la chair d'avocat et les petits pois avec la menthe lavée et ciselée, le sel, le poivre et le vinaigre. Écrasez et mélangez à la fourchette pour obtenir une texture avec des petits morceaux, ou mixez pour obtenir une crème onctueuse.

3. Ôtez les croûtes du pain de mie. Coupez les feuilles de laitue en fines lanières. Lavez et coupez les tomates cerise en deux. Émiettez le jaune d'œuf avec les doigts et continuez avec le dos d'une fourchette à écraser le blanc et le jaune jusqu'à obtenir une texture sablée.

4. Tartinez la préparation à l'avocat sur un seul des côtés de toutes les tranches de pain. Placez des lanières de salade et répartissez les ⅔ de l'œuf mimosa sur 3 tranches. Recouvrez des 3 autres tranches tartinées.

5. Coupez les sandwichs en quatre et décorez chacun des mini-sandwichs d'une demi-tomate cerise, des brins de ciboulette et parsemez de graines de sésame. Mettez sur un plat et parsemez du reste de l'œuf mimosa.

VARIANTES

Le thon se marie bien avec cette préparation. Afin d'ouvrir les tout petits à la saveur amère, non innée et qui s'acquiert en goûtant, les olives sont à essayer en décor des mini-sandwichs.

CROQUE-MONSIEUR

À partir de 24 mois
Pour 3 croque-monsieur
10 min de préparation
10 min de cuisson

INGRÉDIENTS : 6 tranches d'un bon pain de mie • Beurre demi-sel mou • 3 tranches de jambon blanc de Paris • 3 tranches de comté

1. Étalez le beurre sur l'une des faces des tranches de pain.

2. Coupez chaque tranche de jambon en deux.

3. Posez 1 demi-tranche de jambon sur la face non beurrée du pain.

4. Répartissez ensuite le fromage dessus et couvrez chaque croque avec l'autre demi-tranche de jambon. Posez une tranche de pain par-dessus, côté beurre vers l'extérieur.

5. Dans une poêle chaude, faites cuire les croque-monsieur à feu moyen sur chaque côté pendant 3 à 4 min. Le pain doit être bien doré mais pas noirci et le fromage doit être fondu. Servez rapidement.

VARIANTES

Pour faire un croque-madame, il suffit d'ajouter un œuf sur le plat sur chacun des croque-monsieur.

PICCATA DE VEAU, AMANDES
ET CHEVEUX D'ANGE

À partir de 24 mois
Pour 1 portion
20 min de préparation
7 min de cuisson

INGRÉDIENTS : 1 escalope de veau de 40 g • 1 pincée de sel • ½ citron non traité • 10 feuilles de basilic • 1 cuil. à soupe d'amandes effilées • 1 noisette de beurre • 1 cuil. à café d'huile d'olive • 1 cuil. à soupe de jus de citron • 40 g de cheveux d'ange (pâtes au blé dur) • 1 noisette de beurre

1. Affinez l'escalope en la battant avec un pilon. Si vous n'avez pas de pilon, vous pouvez demander à votre boucher d'aplatir l'escalope. Salez-la légèrement des 2 côtés. Prélevez le zeste du demi-citron. Lavez et ciselez les feuilles de basilic.

2. Mettez une poêle sur le feu. Quand elle est bien chaude, faites dorer les amandes dans la noisette de beurre, en les retournant régulièrement. À la fin, mélangez-y la moitié des feuilles de basilic. Retirez-les de la poêle et réservez.

3. Ajoutez l'escalope dans la poêle avec 1 cuil. d'huile d'olive et faites saisir 2 min à feu vif de chaque côté. Déglacez au jus de citron et parsemez de zeste. Retournez l'escalope et enrobez-la bien des sucs de cuisson.

4. Pendant ce temps, cuisez les pâtes dans une grande casserole d'eau salée bouillante pendant 3 min. Égouttez-les et ajoutez la noisette de beurre et la deuxième moitié des feuilles de basilic ciselées.

5. Coupez la viande puis servez la piccata avec les cheveux d'ange et parsemez d'amandes dans l'assiette de bébé.

RÔTI DE BŒUF, PURÉE DE CHAMPIGNONS

À partir de 24 mois
Pour 1 portion
15 min de préparation
40 min de cuisson
15 min de repos

INGRÉDIENTS : 2 pétales d'ail (c'est-à-dire de fines tranches prélevées à l'économe) • 2 noisettes de beurre • 1 tour de poivre du moulin • 40 g de rôti de bœuf • 1 pomme de terre • 6 champignons de Paris • 1 cuil. à café de crème fraîche • 1 cuil. à café de jus de citron

1. Coupez et écrasez les pétales d'ail sous le plat d'un couteau. Dans une assiette, mélangez cet ail avec une noisette de beurre et un tour de poivre fin. Recouvrez la viande de ce mélange aromatique et laissez infuser 15 min.

2. Pendant ce temps, épluchez la pomme de terre que vous découpez en morceaux et mettez à cuire à la vapeur pendant 20 min.

3. Lavez, puis coupez les champignons en brunoise. Faites-les suer à feu vif dans une poêle à sec pendant 4 min, puis à feu doux avec la deuxième noisette de beurre pendant encore 6 min. Retirez les champignons de la poêle pour y placer la viande à cuire 5 min de chaque côté sur feu moyen.

4. Lorsque la viande est cuite, coupez-la en petits morceaux dans l'assiette. Ajoutez-y les morceaux de pomme de terre écrasés.

5. Dans la poêle, toujours sur le feu, remettez les champignons avec la crème fraîche et le jus de citron. Mélangez pour décoller les sucs de cuisson et versez dans l'assiette de bébé à côté du rôti et de l'écrasé.

NUGGETS MAISON

À partir de 24 mois
Pour 1 portion
10 min de préparation
8 min de cuisson

MATÉRIEL
Robot mixeur

INGRÉDIENTS : 200 g de viande de poulet cru (filet de poulet fermier de préférence) • ½ oignon • 2 œufs • 20 g de fromage râpé • 1 cuil. à soupe d'huile • Sel, poivre

1. Mixez finement la viande de poulet avec l'oignon et 1 œuf, puis ajoutez le fromage râpé. Salez et poivrez très légèrement. Façonnez ensuite des boules plates avec cette préparation.

2. Dans une assiette creuse, battez le deuxième œuf en omelette. Dans une autre assiette creuse, versez de la chapelure. Passez les nuggets dans l'œuf battu puis dans la chapelure.

3. Faites-les cuire avec un peu d'huile dans une poêle. Laissez-les cuire quelques minutes, en les retournant pour qu'ils dorent de tous les côtés. Mettez du papier absorbant sur une assiette et déposez les nuggets dessus pour retirer l'excès d'huile.

4. Attendez qu'ils refroidissent avant de les servir à bébé, accompagnés de légumes.

PURÉE AU FROMAGE

À partir de 24 mois
Pour 1 portion
15 min de préparation
35 min de cuisson

MATÉRIEL
Moulin à légumes
ou presse-purée

INGRÉDIENTS : 2 pommes de terre à purée • 50 g de mimolette • 1 noix de beurre • 5 cl de crème liquide • Un peu de sel et de poivre

1. Pelez les pommes de terre et coupez-les en gros cubes. Mettez-les dans une casserole avec de l'eau froide et du sel. Faites cuire les pommes de terre à petits bouillons pendant 20 à 30 min, jusqu'à ce que la pointe d'un couteau s'y enfonce facilement.

2. Pendant ce temps, râpez la mimolette avec une râpe ou à l'aide d'un robot. Quand les pommes de terre sont cuites, égouttez-les. Passez-les au moulin à légumes au-dessus de la casserole ou écrasez-les avec un presse-purée dans la casserole.

3. Remettez à chauffer à feu doux. Ajoutez la crème, le beurre, la mimolette, un peu de sel et de poivre. Mélangez avec une cuillère en bois jusqu'à ce que la mimolette soit fondue et que la purée fasse des fils. Attendez qu'elle refroidisse un peu avant de la servir à bébé.

VARIANTE

Vous pouvez remplacer la mimolette par de la tomme.

RÖSTIS (GALETTES DE POMME DE TERRE)

À partir de 24 mois
Pour 2 grands röstis (20 cm de diamètre)
20 min de préparation
40 min de cuisson

MATÉRIEL
Râpe à gros trous
Passoire

INGRÉDIENTS : 5 pommes de terre de taille moyenne • 1 oignon • 50 g de gruyère râpé • 1 œuf • Sel, poivre • Huile de cuisson végétale

1. Épluchez les pommes de terre et l'oignon. À l'aide de la râpe, râpez les pommes de terre et l'oignon, et mettez-les dans une passoire.

2. Rincez bien sous l'eau froide les pommes de terre et l'oignon râpé. Essorez-les entre deux feuilles de papier absorbant.

3. Mettez les pommes de terre, l'oignon et le gruyère râpé dans un saladier. Cassez l'œuf dedans, salez, poivrez et mélangez bien.

4. Faites chauffer de l'huile dans une poêle. Déposez-y la moitié du mélange et étalez bien à la spatule. Laissez cuire pendant 10 min environ, jusqu'à ce que les pommes de terre soient bien dorées. Retournez le rösti et faites-le cuire de l'autre côté également pendant 10 min, en rajoutant un filet d'huile si nécessaire.

5. Retirez le premier rösti du feu et recommencez l'opération pour le second rösti.

STAR

BEIGNETS DE CARNAVAL

À partir de 24 mois
Pour 3 portions
30 min de préparation
15 min de cuisson
30 min de repos

INGRÉDIENTS : 1 œuf • 125 g de farine • 15 g de sucre semoule • 25 g de beurre mou • 1 pincée de sel • Huile pour friture • Sucre glace pour saupoudrer

1. Dans un bol, cassez l'œuf et battez-le avec une fourchette.

2. Mélangez du bout des doigts la farine, le sucre, le beurre et le sel. Vous devez obtenir une pâte sableuse.

3. Ajoutez l'œuf et mélangez pour lier la pâte. Roulez-la en boule et enroulez-la dans du film alimentaire. Laissez-la reposer 30 min au réfrigérateur.

4. Sortez la pâte du réfrigérateur puis étalez-la sur une épaisseur de 5 mm. Découpez-y des beignets en forme de losange d'environ 10 cm de haut. Faites une entaille de 3 cm au centre. Vous pouvez aussi faire des beignets fantaisie en utilisant des emporte-pièce.

5. Faites chauffer l'huile dans une casserole puis, lorsqu'elle commence à fumer, baissez le feu et plongez-y les beignets un à un. Il faut qu'ils dorent (comptez 2 à 3 min de cuisson de chaque côté).

6. Retirez les beignets de la casserole, mettez-les sur du papier absorbant et saupoudrez-les de sucre glace. Servez-les immédiatement ou conservez-les dans une boîte hermétique.

CONSEIL

Vous pouvez ajouter dans la pâte à beignets les graines d'une gousse de vanille ou quelques gouttes de fleur d'oranger.

BARRES DE CÉRÉALES

À partir de 36 mois
Pour 20 barres de céréales environ
5 min de préparation
20 min de cuisson

INGRÉDIENTS : 20 g de sucre roux • 8 Carambar® • 40 g de beurre • 120 g de flocons d'avoine • 1 cuil. à café rase de fleur de sel • 2 bananes sèches

1. Versez le sucre, les Carambar® coupés en trois et le beurre dans une casserole. Laissez fondre doucement. Ajoutez les flocons d'avoine, le sel et les bananes sèches coupées en petits morceaux. Mélangez bien pour que tout soit enrobé de Carambar® fondu.

2. Versez la préparation sur une plaque recouverte de papier sulfurisé. Tassez bien avec les doigts. (Pour vous faciliter la tâche, mouillez vos doigts, cela évitera que les flocons ne s'y collent.)

3. Enfournez pendant 13-15 min à 180 °C (th. 6). Laissez refroidir et coupez en rectangles pour former des barres de céréales.

VARIANTE

Vous pouvez remplacer une partie des flocons d'avoine par des billes de quinoa soufflé (en épicerie bio) et les bananes par d'autres fruits secs. Ces barres de céréales sont parfaites pour le goûter ou le petit déjeuner.

TARTELETTES SABLÉES
À LA BANANE
ET À LA NOIX DE COCO

À partir de 24 mois
Pour 4 tartelettes
20 min de préparation
15 min de cuisson

INGRÉDIENTS : 4 œufs • 200 g de sucre • 200 g de farine • 1 tasse de noix de coco râpée + un peu pour décorer • 4 bananes très mûres • 2 cuil. à soupe de cassonade • Le jus de ½ citron vert

1. Dans un saladier, mélangez les œufs et le sucre. Ajoutez la farine et la noix de coco râpée, mélangez bien le tout. Sur une feuille de papier sulfurisé, déposez 4 petits tas de pâte de forme ronde et faites cuire à 180 °C (th. 6) pendant 15 min.

2. Pendant ce temps, préparez une compote de bananes en faisant cuire les bananes coupées en rondelles dans une casserole à feu doux, avec un peu de cassonade et le jus de citron vert. Lorsque les bananes sont bien molles et cuites, versez-les dans un petit saladier et écrasez-les à la fourchette.

3. Sortez les biscuits du four, laissez-les refroidir puis, au moment de déguster, déposez sur chaque biscuit une grosse cuillère de compote de bananes tiède. Saupoudrez de noix de coco râpée.

GÂTEAU MARBRÉ VANILLE ET CHOCOLAT

À partir de 24 mois
Pour 1 cake de 6 à 8 personnes
20 min de préparation
30 à 35 min de cuisson

MATÉRIEL
Batteur
Moule à cake
Papier cuisson

INGRÉDIENTS : 150 g de beurre • 180 g de farine • ½ sachet de levure chimique • 1 gousse de vanille ou 1 cuil. à café d'extrait de vanille • 3 œufs • 180 g de sucre • 3 cl de lait • 25 g de cacao en poudre • 1 pincée de sel

1. Préchauffez le four à 180 °C (th. 6). Faites fondre le beurre dans une casserole à feu doux. Réservez. Tamisez la farine et la levure dans un bol. À l'aide d'un couteau, fendez la gousse de vanille en deux et prélevez les graines. Réservez.

2. Cassez les œufs en séparant les blancs des jaunes. Montez les blancs en neige bien ferme avec le sel. Dans un saladier, mélangez au fouet le beurre fondu avec le sucre en poudre, ajoutez les jaunes d'œufs puis versez en pluie le mélange de farine. Versez le lait puis mélangez bien le tout. Incorporez enfin les blancs en neige, en tournant doucement dans le même sens.

3. Divisez la pâte en 2 parties égales et incorporez à l'une d'elles les graines de vanille et à l'autre le cacao.

4. Dans le moule tapissé de papier cuisson, versez une première couche de pâte au cacao, puis une de pâte à la vanille, alternez les couches jusqu'à épuisement des ingrédients. Mélangez légèrement la pâte avec la pointe d'un couteau puis enfournez pour 30 à 35 min de cuisson.

5. Laissez refroidir avant de servir une tranche à bébé pour un goûter gourmand.

LE GÂTEAU D'ANNIVERSAIRE DE BÉBÉ

À partir de 24 mois
Pour 1 gâteau de 8 personnes
50 min de préparation
20 min de cuisson

INGRÉDIENTS : Pour le gâteau : 60 g de beurre • 70 g de farine • 70 g de fécule de maïs • 20 g de cacao en poudre • 5 g de levure chimique • 3 œufs • 80 g de sucre • 120 g de yaourt onctueux
Pour le décor : 1 morceau de pâte d'amande nature • 5 gouttes de colorant alimentaire jaune • 5 gouttes de colorant alimentaire rouge • Sucre glace **Pour la chantilly au chocolat :** 50 cl de crème fraîche • 1 cuil. à soupe de sucre glace • 1 pincée de sel • 20 g de cacao en poudre

1. Beurrez et farinez un moule rond de 18 cm de diamètre. Préchauffez le four à 180 °C (th. 6). Faites fondre le beurre et laissez-le refroidir, en évitant qu'il durcisse. Au-dessus d'un saladier, tamisez la farine, la fécule de maïs, le cacao et la levure.

2. Dans un deuxième saladier, cassez et battez les œufs. Ajoutez le sucre, battez jusqu'à obtenir une pâte mousseuse, puis ajoutez le yaourt. Intégrez ce mélange dans le premier en mélangeant à la spatule.

3. Ajoutez le beurre fondu et mélangez. Versez la pâte dans le moule et enfournez pour 20 min. Vérifiez la cuisson en piquant avec la pointe d'un couteau qui doit ressortir sèche. Démoulez et laissez refroidir le gâteau sur une grille.

4. Divisez le morceau de pâte d'amande en deux. Colorez chaque part en incorporant les colorants alimentaires. Pétrissez pour bien répartir et obtenir du rose et du jaune pâle.

5. Parsemez le plan de travail et un rouleau à pâtisserie de sucre glace. Étalez chaque pâte sur quelques millimètres d'épaisseur et découpez des ronds à l'aide d'un petit emporte-pièce ou de l'arrière d'une douille.

6. Montez la crème en chantilly avec le sucre glace et la pincée de sel, au fouet ou au robot. Puis ajoutez le cacao petit à petit. Mettez délicatement la chantilly dans une poche à douille lisse. Avec un geste souple, décorez le gâteau et servez la chantilly restante dans un bol à part. Alternez la décoration du gâteau avec des ronds de pâte d'amande colorés.

CONSEIL

Si le gâteau doit attendre un peu, il vaut mieux le mettre au réfrigérateur.

CARRÉMENT CUISINE
DÉTOX
hachette CUISINE

BOCAUX ET CONSERVES
CARRÉMENT CUISINE

CARRÉMENT CUISINE
GÂTEAUX
hachette CUISINE

GRANDS CLASSIQUES FRANÇAIS
CARRÉMENT CUISINE
hachette CUISINE

CARRÉMENT CUISINE
CRÊPES ET GAUFRES
hachette CUISINE

CARRÉMENT CUISINE
PLATS COMPLETS AU FOUR
hachette CUISINE

CARRÉMENT CUISINE
RECETTES AU ROBOT
hachette CUISINE

RECETTES À MOINS DE 5 €
CARRÉMENT CUISINE
hachette CUISINE

CARRÉMENT CUISINE
ASIE
hachette CUISINE

CARRÉMENT CUISINE
DESSERTS FACILES
hachette CUISINE

CARRÉMENT CUISINE
WOK
hachette CUISINE

CARRÉMENT CUISINE
NOËL

LA COLLECTION
CARRÉMENT CUISINE

APRÈS LE BOULOT
ASIE
BARBECUE ET PLANCHA
BÉBÉS DE 4 À 36 MOIS
BOCAUX ET CONSERVES
CÉRÉALES ET LÉGUMINEUSES
CRÊPES ET GAUFRES
CUISINE DU SPORTIF
CUISINE INRATABLE
DESSERTS FACILES
ÉTATS-UNIS
ÉTUDIANTS
EXOTIQUE
EXPRESS EN MOINS DE 15 MINUTES
GÂTEAUX
GÂTEAUX MAGIQUES
GLACES ET DESSERTS GLACÉS
GRANDS CLASSIQUES FRANÇAIS
GRANDES TABLÉES
JUS, SMOOTHIES ET MOCKTAILS
LIGHT
MAROC
MÉDITERRANÉENNES
NOËL
PÂTES, NOUILLES & CO
PIZZAS, QUICHES & CAKES
PLAT COMPLET AU FOUR
PLATS TOUT-EN-UN
POUR CE SOIR
RECETTES À MOINS DE 5 EUROS
RECETTES AU ROBOT
SALADES
SANS GLUTEN
SOUPES
VEGAN
VEGGIE
VERRINES
VITAMINES
WOK
ET LA COMPIL' DES 1 000 RECETTES

Crédits des recettes :
Laura Annaert : pp. 14, 16, 18, 20, 22, 24, 26, 30, 34, 36, 40, 42, 44, 46, 48, 52, 54, 62, 64, 68, 70, 72, 76, 78, 82, 84, 90, 94, 96, 98, 100, 102, 106, 108, 110, 112, 118, 124, 138, 142, 144, 146, 154, 158, 160, 162, 164, 174, 180, 190, 196, 198, 202, 204, 220 ; Aurélie Desgages: pp. 136, 178, 218 ; Thomas Feller : pp. 32, 38, 56, 58, 66, 104, 126, 130, 132, 134, 148, 152, 156, 166, 176, 186, 192, 194, 200, 212 ; Éva Harlé : pp. 80, 116, 120, 168 ; Alexia Janny-Chivoret: pp. 114, 128, 182, 184, 206, 210, 214, 216 ; Prunelle : pp. 28, 60, 74, 86, 122 ; Nicole Seeman : pp. 88, 150, 170, 172, 208.

Crédits des photographies :
© Pierre Chivoret : pp. 115, 129, 183, 185, 207, 211, 215, 217 ; © Claire Curt : pp. 15, 17, 19, 21, 23, 25, 27, 31, 35, 37, 41, 43, 45, 47, 49, 53, 55, 63, 65, 69, 71, 73, 77, 79, 83, 85, 91, 95, 97, 99, 101, 103, 107, 109, 111, 113, 119, 125, 139, 143, 145, 147, 155, 159, 161, 163, 165, 175, 181, 191, 197, 199, 203, 205, 221 ; © Alexandra Duca : pp. 29, 61, 75, 87, 123 ; © Éric Fénot : pp. 81, 117, 121, 169 ; © Natacha Nikouline : pp. 57, 59, 105, 127, 131, 135, 149, 157, 177, 187, 193, 195, 201, 213 ; © Rina Nurra : pp. 137, 179, 219 ; © Amélie Roche : pp. 33, 39, 67, 133, 153, 167 ; © Fabrice Veigas : pp. 89, 151, 171, 173, 209.

Isabelle Brouant remercie Le Parfait pour le prêt de la vaisselle.

Direction : Catherine Saunier-Talec
Responsable éditoriale : Céline Le Lamer
Responsable artistique : Antoine Béon
Fabrication : Amélie Latsch
Partenariats : Sophie Morier (smorier@hachette-livre.fr)

Dépôt légal : janvier 2020
1056796/01
ISBN : 978-2-01-945302-2
Achevé d'imprimer par Macrolibros en Espagne.

Pour l'éditeur, le principe est d'utiliser des papiers composés de fibres naturelles, renouvelables, recyclables et fabriqués à partir de bois issus de forêts qui adoptent un système d'aménagement durable. En outre, l'éditeur attend de ses fournisseurs de papier qu'ils s'inscrivent dans une démarche de certification environnementale reconnue.